ENCYCLOPÉDIE
DU DESSIN,

RECUEIL

DE PRINCIPES ET D'EXEMPLES

SUR TOUTES LES PARTIES DE CET ART;

Ouvrage a l'usage des ecoles des départemens de l'empire français,

DES ARTISTES ET DES AMATEURS,

DESSINÉ ET GRAVÉ A LA MANIERE DU CRAYON, D'APRÈS UN PROCÉDÉ PERFECTIONNÉ,

Par L. P. DUBUCOURT,

MEMBRE DE LA CI-DEVANT ACADÉMIE DE PEINTURE DE FRANCE.

ET RÉDIGÉ PAR BOUDEVILLE.

Il ne suffit pas d'étudier ;
Il faut savoir étudier.

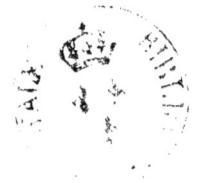

À PARIS,

ON SOUSCRIT

Au Bureau des Monumens de l'Hindoustan, rue du Paon-S.-André-des-Arcs, n° 1;

et chez Nicolle, libraire, rue de Seine, faub. S.-Germ., n° 12.

DE L'IMPRIMERIE DE P. DIDOT L'AÎNÉ.

M DCCC XI.

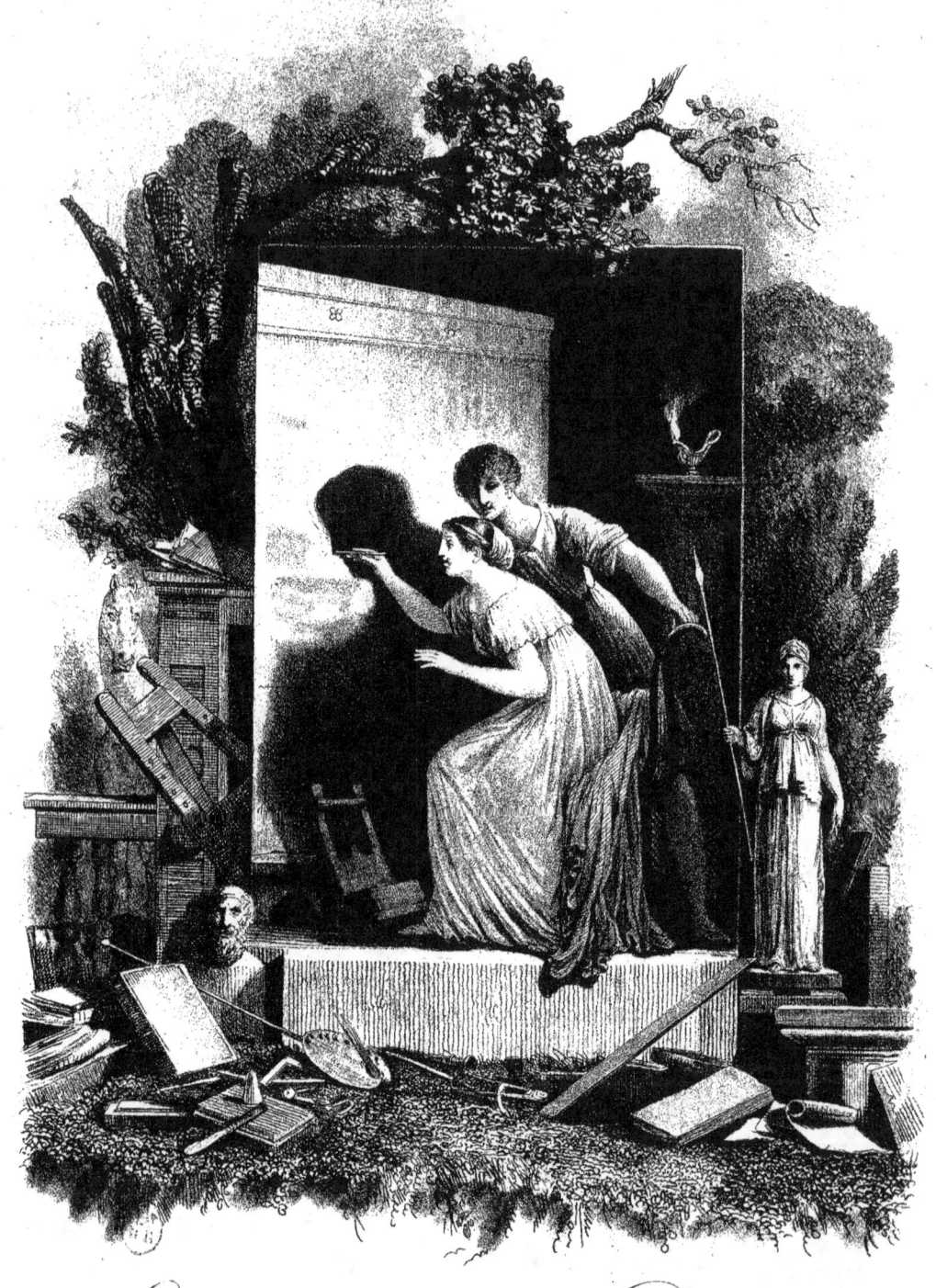

Encyclopédie du Dessin.

AVANT-PROPOS.

L'avantage de l'étude des arts, vivement senti de tous les hommes, ne saurait avoir besoin d'apologie; mais ce dont il est aussi essentiel de se persuader, c'est l'importance de commencer cette étude avec de bons principes : cette importance est telle, que les premiers élémens d'un art bien enseigné peuvent, avec de l'intelligence, produire les résultats les plus satisfaisans, tandis qu'une longue suite d'années de travail détruira difficilement de fausses impressions. Sans principes tout n'est qu'incertitude et fatigue. Avec quel plaisir et quelle avidité, au contraire, ne saisit-on pas une vérité constante, qui, aplanissant les difficultés de l'étude, conduit à chaque pas vers la perfection?

Considérées sous le rapport de l'agrément et de l'éducation, quel avantage ne retire-t-on pas de ses connoissances préalables? mieux instruit des règles d'un art, on en sent plus vivement les beautés ; sans ces connaissances, au contraire, et que ne peut suppléer ni un goût parfait, ni le jugement le plus sain, la langue reste captive, ou ce n'est qu'en bégayant que l'on exprime son sentiment sur les productions des arts.

Aujourd'hui, sur-tout, qu'une jeunesse active et spirituelle, sensible à tous les genres de gloire, cultive avec un même succès les sciences et les talens, l'étude des arts lui devient indispensable.

C'est, il nous semble, seconder ses dispositions généreuses que d'offrir dans un même cadre les élémens de chaque art, puisés dans les meilleures sources; et en présentant à-la-fois le précepte et l'exemple, nous croyons avoir rempli une tâche intéressante et utile.

Pl. 1.

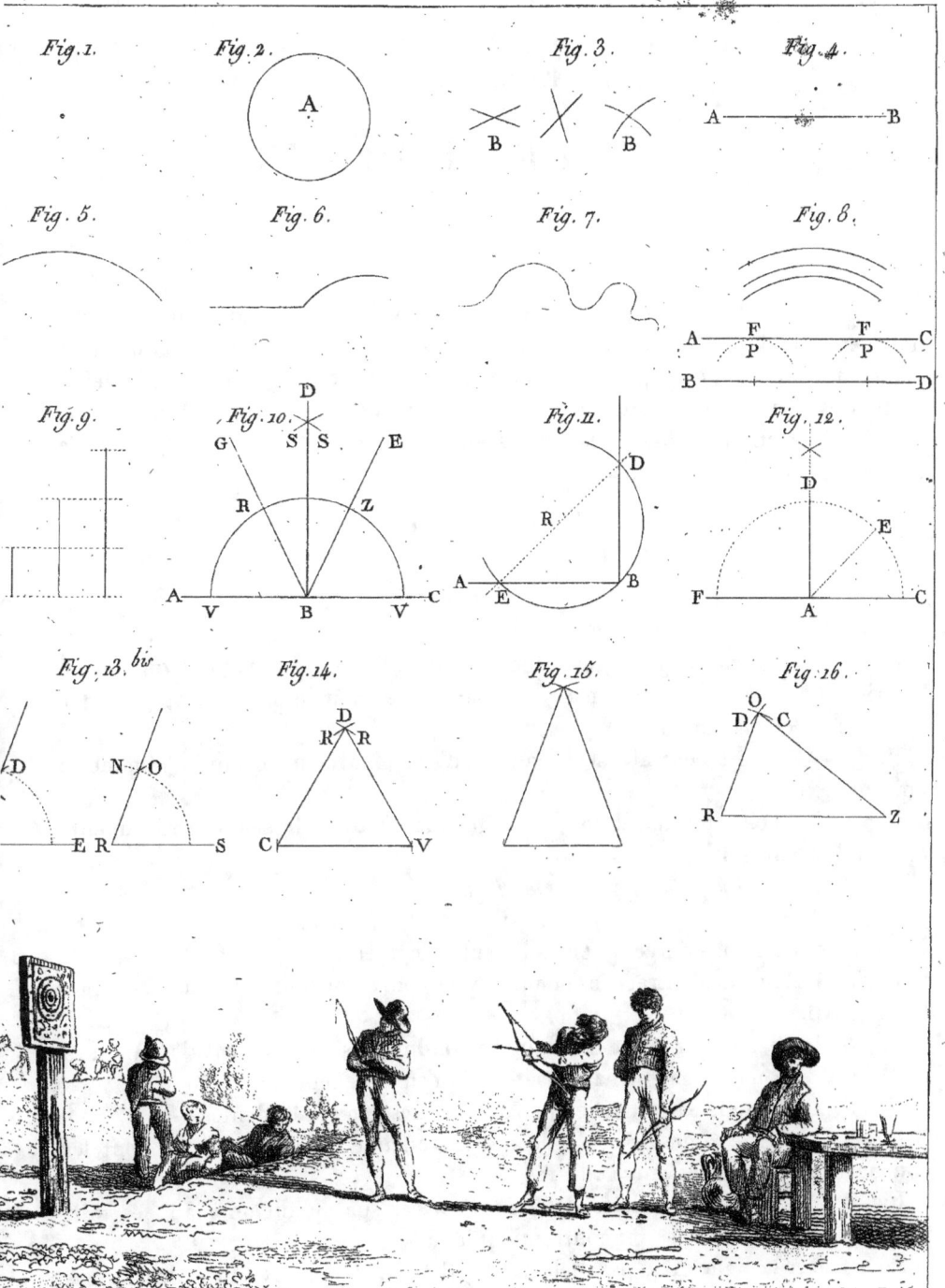

Fig. 1.   Fig. 2.   Fig. 3.   Fig. 4.

Fig. 5.   Fig. 6.   Fig. 7.   Fig. 8.

Fig. 9.   Fig. 10.   Fig. 11.   Fig. 12.

Fig. 13. bis   Fig. 14.   Fig. 15.   Fig. 16.

ÉLÉMENS DE GÉOMÉTRIE

RELATIFS

A L'ÉTUDE DU DESSIN.

Rᴇɴꜰᴇʀᴍés dans le cadre de cet ouvrage, en donnant ce qu'il nous a paru indispensable de connaître de géométrie, nous nous sommes abstenus de toutes démonstrations (ce qui appartient spécialement à la science). Nous avons défini les figures élémentaires, et développé méthodiquement la manière de les tracer.

La construction de quelques figures elliptiques d'un fréquent usage dans le dessin termine ces élémens.

PLANCHE PREMIÈRE.

Du point.

Figure première. Le point, en général, étant l'objet le plus petit qui puisse s'offrir à l'œil, comme à la pensée, est par conséquent le plus propre à limiter les surfaces et les corps.

Fig. 2. Le point central est le milieu d'une figure quelconque, comme le point A.

Fig. 3. Le point d'intersection est l'endroit où deux lignes s'entrecoupent, comme les points BB.

Des lignes.

La ligne n'est considérée qu'en longueur seulement.

Fig. 4. La ligne droite trace le chemin le plus court d'un point à un autre, comme la ligne AB.

Fig. 5. La ligne courbe est celle qui ne conduit pas directement d'un point à un autre; elle n'est également considérée qu'en longueur.

Fig. 6. La ligne mixte est celle qui participe des deux précédentes.

Fig. 7. La ligne sinueuse est celle qui n'a aucune partie droite, et dont les courbures sont inégales entre elles.

Fig. 8. On appelle parallèles des lignes tracées sur un même plan, et qui, prolongées à l'infini, ne se rencontreraient jamais.

Pour tracer la ligne AC, parallèle à BD, il faut, d'une ouverture de compas que l'on aura déterminée, décrire les deux sections ou demi-cercles PP, en posant exactement la pointe du compas sur la ligne BD; ensuite posant la règle sur les deux tangentes FF, on tracera la ligne AC parallèle à BD.

Fig. 9. Les lignes proportionnelles sont ce que dans les mathématiques un est à deux, deux à trois; de sorte que la première excède la seconde, de ce que la seconde excède la troisième, c'est-à-dire que la première vaut trois, la seconde une de moins que la première, et la troisième une de moins que la seconde; etc.

Des lignes par rapport à leurs positions.

Il y a trois sortes de lignes.

Fig. 10. La ligne horizontale est celle que l'on peut comparer à la ligne d'horizon, et cette même ligne d'horizon est la ligne exacte qui fixe la séparation du ciel et de la mer, dans l'étendue que la vue peut embrasser; par exemple, la ligne AC.

La ligne perpendiculaire est celle qui tombe à plomb sur la ligne horizontale, comme la ligne BD; et si elle penche d'un côté ou de l'autre, elle devient oblique, comme la ligne BE, fig. 10.

Pour tracer la ligne BD perpendiculaire sur la ligne AC, il faut, du point que l'on aura déterminé sur cette ligne, comme B, et d'une ouverture de compas à volonté, se donner les points VV; ensuite, de chacun de ces points, et d'une ouverture de compas plus grande que celle VB, décrire les deux sections SS; de leur section D, abaissant une ligne vers B, on aura la ligne BD perpendiculaire à AC.

Voulant tracer la ligne oblique BE, semblable à BG, ayant formé la demi-circonférence VZV, faisant VZ égal à VR, et traçant une ligne du point B, passant par le point R, on aura l'oblique BG, semblable à BE.

Fig. 11. Voulant abaisser une perpendiculaire sur l'extrémité d'une ligne, soit la ligne AB; de l'extrémité B, et du rayon BR, pris à volonté, soit décrit la portion de cercle EBD; passant une ligne par les points ER, elle coupera la portion de cercle au point D; de cette section abaissant une ligne vers B, on aura la perpendiculaire BD, à l'extrémité de la ligne AB.

Des angles.

Un angle est formé par deux lignes qui se rencontrent; il est droit, ou obtus, ou aigu.

Fig. 12. L'angle droit est celui formé par la jonction de la ligne perpendiculaire à la ligne horizontale, comme DAC.

Lorsque cette ligne est dérangée de son à-plomb, elle forme du côté le plus large un angle obtus, comme EAF, et du côté le plus étroit un angle aigu comme EAC.

Les angles tirent encore leurs noms de la forme des lignes qui les comprennent, et s'appellent rectilignes, ou curvilignes, ou mixtilignes, selon que les lignes sont toutes deux lignes droites, ou toutes deux lignes courbes; ou l'une, une ligne droite, et l'autre une ligne courbe.

Pour désigner un angle, on emploie trois lettres, dont l'une marque le sommet, et les deux autres sont placées le long des côtés; et, en énonçant ces lettres, celle du sommet est placée au milieu: ainsi, pour désigner l'angle compris par les deux lignes AF, AD, on dira l'angle FAD ou DAF, fig. 12. Cette attention est principalement nécessaire, lorsque plusieurs angles ont leur sommet au même point.

Fig. 13. Voulant produire les angles semblables DAE, ORS, comme la grandeur d'un angle ne dépend pas du prolongement de ses côtés, mais de leur ouverture, traçant la ligne RS, et du rayon AD, décrivant la portion de cercle CN, prenant ensuite l'ouverture PD, la portant sur CN en O, traçant la ligne RO, on aura l'angle ORS, semblable à l'angle DAE.

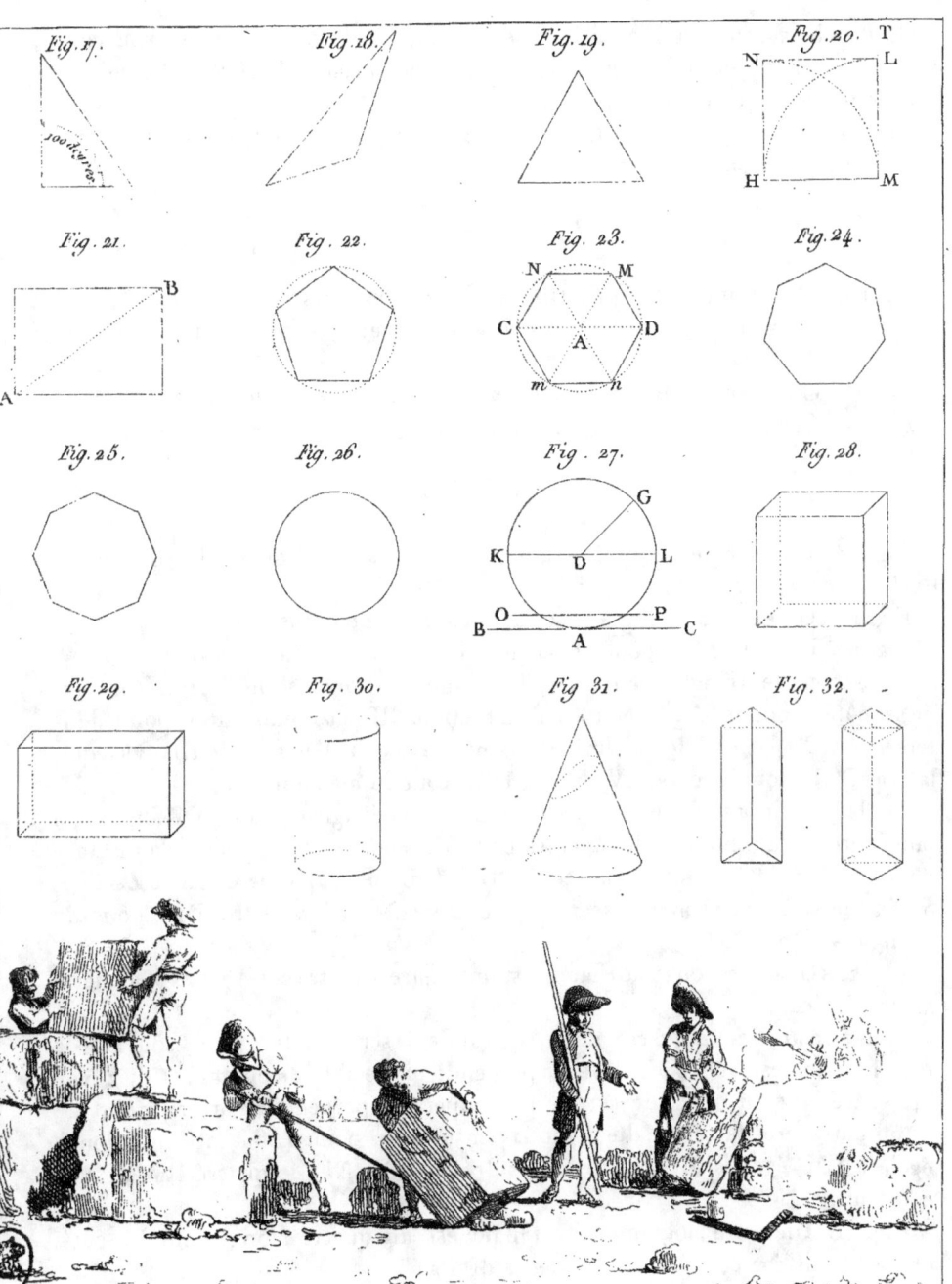

Pl. 2.

Fig. 17.

Fig. 18.

Fig. 19.

Fig. 20.

Fig. 21.

Fig. 22.

Fig. 23.

Fig. 24.

Fig. 25.

Fig. 26.

Fig. 27.

Fig. 28.

Fig. 29.

Fig. 30.

Fig. 31.

Fig. 32.

Des Surfaces.

On appelle surface ou superficie, une figure qui a deux dimensions, longueur et largeur; elle est considérée sans épaisseur : une surface plane est celle qui n'a aucune inégalité (comme les glaces).

Superficie curviligne, est celle renfermée par des lignes courbes; et superficie rectiligne, celle renfermée dans des lignes droites.

Des Triangles.

Un triangle est une figure qui a trois angles et trois côtés.

Fig. 14. Un triangle, dont les trois côtés sont égaux, se nomme triangle équilatéral.

Fig. 15. Celui dont deux côtés seulement sont égaux, se nomme triangle isocèle.

Fig. 16. Celui dont les trois côtés sont inégaux, se nomme triangle scalène.

PLANCHE II.

Fig. 17. Un triangle rectangle est celui qui a un angle droit ou de 100 degrés décimaux. (*V. Fig.* 27).

Fig. 18. Un triangle oblique est celui qui a un angle obtus.

Fig. 19. Un triangle oxigone est celui qui a ses trois angles aigus.

Pour tracer le triangle équilatéral, fig. 14, il faut, connaissant la grandeur d'un de ses côtés, comme CV, former les deux sections RR, et réunissant le point d'intersection D, par des lignes droites aux points C et V, l'on aura le triangle équilatéral DCV, dont les côtés CV, VD, et DC seront de même mesure.

Voulant avoir la mesure ou la copie exacte du triangle scalène ROZ, fig. 16, il faut, après avoir choisi un de ses côtés pour base, comme RZ, prendre la distance d'un des côtés RO, et former la section D indéfiniment, puis la distance ZO dont on fera la section C; son intersection avec la section D fera le troisième point du triangle scalène ROZ.

Fig. 20. Un quarré ou quadrilatère est une figure à quatre côtés égaux et à quatre angles droits.

Pour construire un quarré dont la grandeur serait déterminée, soit HM la mesure d'un des côtés, soit élevée la perpendiculaire MT, du point M et du rayon MH, décrivez un quart de cercle qui coupera la perpendiculaire au point L; et un autre arc de cercle du point H, ensuite du point L faisant la section N égale à LM, égale à MH, et tirant les droites HN, NL, le quarré HMLN sera construit.

Fig. 21. Un parallélogramme rectangle est un quarré alongé dont les côtés opposés sont égaux et les quatre angles droits.

La ligne AB tirée transversalement d'un angle à l'autre se nomme diagonale; elle partage le parallélogramme en deux triangles rectangles.

Des Polygones.

Fig. 22. Le pentagone est une figure composée de cinq côtés et cinq angles.

Fig. 23. L'hexagone a six côtés et six angles.

Fig. 24. L'heptagone a sept côtés et sept angles.

Fig. 25. L'octogone a huit côtés et huit angles.

L'ennéagone a neuf côtés et neuf angles.

Le décagone dix côtés et dix angles.

Toute autre figure d'un plus grand nombre de côtés se nomme polygone; régulier, celui dont les côtés et les angles sont égaux; irrégulier, celui dont les côtés et les angles sont inégaux.

Pour tracer un polygone régulier, il faut diviser un cercle en autant de parties que ce polygone a de côtés. Soit l'hexagone, fig. 23, le cercle étant coupé par la ligne diamétrale CD, et le demi-cercle étant divisé en trois parties égales aux points NM, formant autant de lignes diamétrales passant par le centre A, le cercle sera divisé aux points CNMD *nm ;* de chacun de ces points traçant les sécantes CN, NM, MD, etc., on aura un polygone à six côtés et six angles réguliers.

Du Cercle.

Le cercle est une ligne courbe dont tous les points sont à une distance égale d'un point milieu qu'on nomme centre.

Des lignes par rapport au cercle.

Fig. 27. La tangente est une ligne qui touche le cercle en un point, comme la ligne BC qui touche le cercle au point A.

La sécante ou corde est une ligne qui coupe le cercle sans passer par le centre, comme la ligne OP. La ligne qui passe par le centre et qui se termine par ses deux points à la circouférence, se nomme diamètre, comme la ligne KL.

La ligne qui va du centre à la circonférence, se nomme rayon ou demi-diamètre, comme la ligne DG. Une partie quelconque de la circonférence se nomme arc, comme la portion du cercle APL.

Observation.

Les géomètres divisoient autrefois le cercle en 360 parties qu'ils nommaient degrés, et qu'ils subdivisaient en 60 minutes, etc. L'angle droit, qui forme le quart du cercle, avait alors 90 degrés. D'après le système du calcul décimal, le cercle se divise en 400 degrés; par conséquent le quart du cercle est de 100 degrés (ce qui fait la valeur de l'angle droit), au lieu de 90, etc.

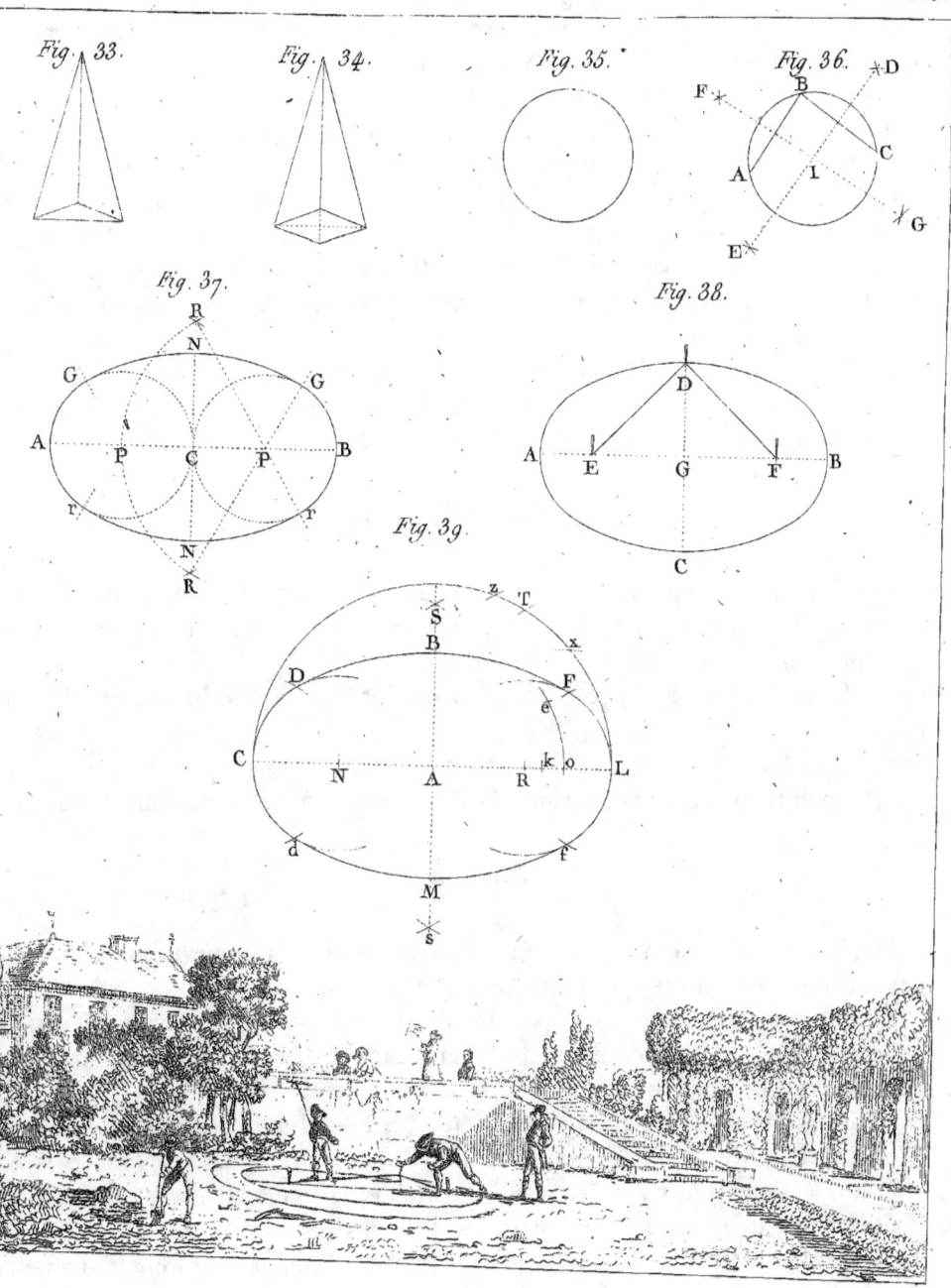

Pl. 3.

Fig. 33.

Fig. 34.

Fig. 35.

Fig. 36.

Fig. 37.

Fig. 38.

Fig. 39.

Des Solides.

Les géomètres nomment solides les corps ou figures, lorsqu'ils les considèrent sous les trois dimensions, longueur, largeur, et épaisseur ou profondeur.

On appelle solide régulier, celui dont les surfaces sont régulières, et solide irrégulier, celui dont les surfaces sont irrégulières.

Fig. 28. Un cube est un solide à six faces régulières et égales.

Fig. 29. Un parallélipipède est un cube qui a deux dimensions égales, largeur et profondeur, et dont la longueur est plus étendue.

Fig. 30. Un cylindre est un solide dont la base et le sommet sont circulaires, de diamètres égaux, et dont les côtés sont compris entre des lignes droites.

Fig. 31. Un cône est un solide dont la base est circulaire, et qui se termine par des lignes droites, et convergentes en un point que l'on peut appeler indifféremment sommet ou pointe.

Fig. 32. Un prisme est un solide à trois ou quatre côtés, dont la base et le sommet sont de même mesure, et compris entre des lignes droites parallèles ; l'un se nomme prisme triangulaire, l'autre prisme quadrangulaire.

PLANCHE III.

Fig. 33 et 34. Une pyramide est un solide à trois ou quatre faces, dont la base est triangulaire ou quadrangulaire, et renfermée entre des lignes droites et convergentes en un point que l'on nomme sommet.

Ces figures, comme les précédentes, prennent leurs noms du nombre de leurs côtés.

Fig. 35. La sphère est un solide terminé de toutes parts par une surface, dont tous les points sont également éloignés d'un même point qu'on nomme centre.

Proposition.

Fig. 36. Faire passer un cercle par trois points donnés, pourvu qu'ils ne soient pas sur une ligne droite, par exemple, les trois points A, B, C.

En liant ces points entre eux par des lignes droites, on aura celle AB et BC, si l'on coupe ces lignes en deux également par des perpendiculaires ; l'intersection de ces perpendiculaires sera le centre du cercle : car ce centre doit être sur DE, et par la même raison il doit être sur FG ; il doit donc être à leur rencontre en I, qui est le seul point commun de ces deux lignes.

Fig. 37. Pour tracer l'ovale ou ellipse simple, la ligne AB étant donnée, soit divisée cette ligne en quatre parties égales ; des points PP, soient décrits les deux cercles tangents au point C ; puis ouvrant le compas de tout le diamètre AC ou CB, et des centres PP, soient formées les sections R et R, traçant les lignes RP, qui coupent les cercles aux points GG et rr ; de la distance RG, prise pour rayon, on décrira les portions du cercle GG, et rr, ce qui donnera la figure elliptique AGR r. 3

Cette méthode ne saurait produire que des ovales de même proportion, c'est-à-dire que le grand arc AB serait toujours dans le même rapport avec le petit axe NN. C'est ce qui nous engage à rapporter ici le moyen de tracer un ovale dont les deux axes seraient donnés à volonté.

Fig. 38. Pour tracer l'ellipse ou ovale du jardinier, il faut, après avoir déterminé son grand diamètre, comme AB, le diviser en deux parties égales comme en G; de ce point G, et d'une grandeur prise à volonté, on plantera les deux piquets E et F, auxquels l'on attachera un cordeau de la même longueur que la ligne AB; ensuite attirant ce cordeau vers soi comme en D, et promenant dans l'intérieur de cette corde un troisième piquet, de A en B, et de B en A, en sens inverse, ayant soin de conserver les côtés du triangle EDF, exactement rectiligne, l'on formera la courbe elliptique ADBC.

Éloignant ou rapprochant les foyers E et F du centre G, l'on obtiendra une figure ovale plus ou moins oblongue.

Fig. 39. Tracer un ovale dans deux dimensions déterminées, et composées de cercles qui soient tangens entre eux.

Soient les deux axes CL et BM; du centre A où les axes se coupent, et du rayon AC, qui est le milieu du plus grand axe, soit décrite la demi-circonférence CTL, et soit fait LA égal à LT; du centre C, et du rayon CT, soit coupé l'axe CL en o: du centre A, et du rayon AB, soit coupé le demi-axe AL en k; du même centre A et du rayon Ao, soit décrit l'axe oc; et soit fait Lk égal à oe, des points o et e, et d'un rayon pris à volonté, soit coupé l'axe CTL en x et z, du centre A, et du rayon xz, soit coupé l'axe CL en N et R; soient décrits les axes DC d, FL f, et soit fait NC égal CD, égal D d, égal LF, égal L f, soit fait ensuite NR egal NS, égal N s, égal RS, égal R s; puis du centre s et du rayon s D, soit décrit l'axe DF qui passera par B: enfin du centre S et du rayon SD égal à S d, soit décrit l'axe d f, qui passera par M, et l'on aura construit la figure elliptique qui passera par les points donnés CBLM.

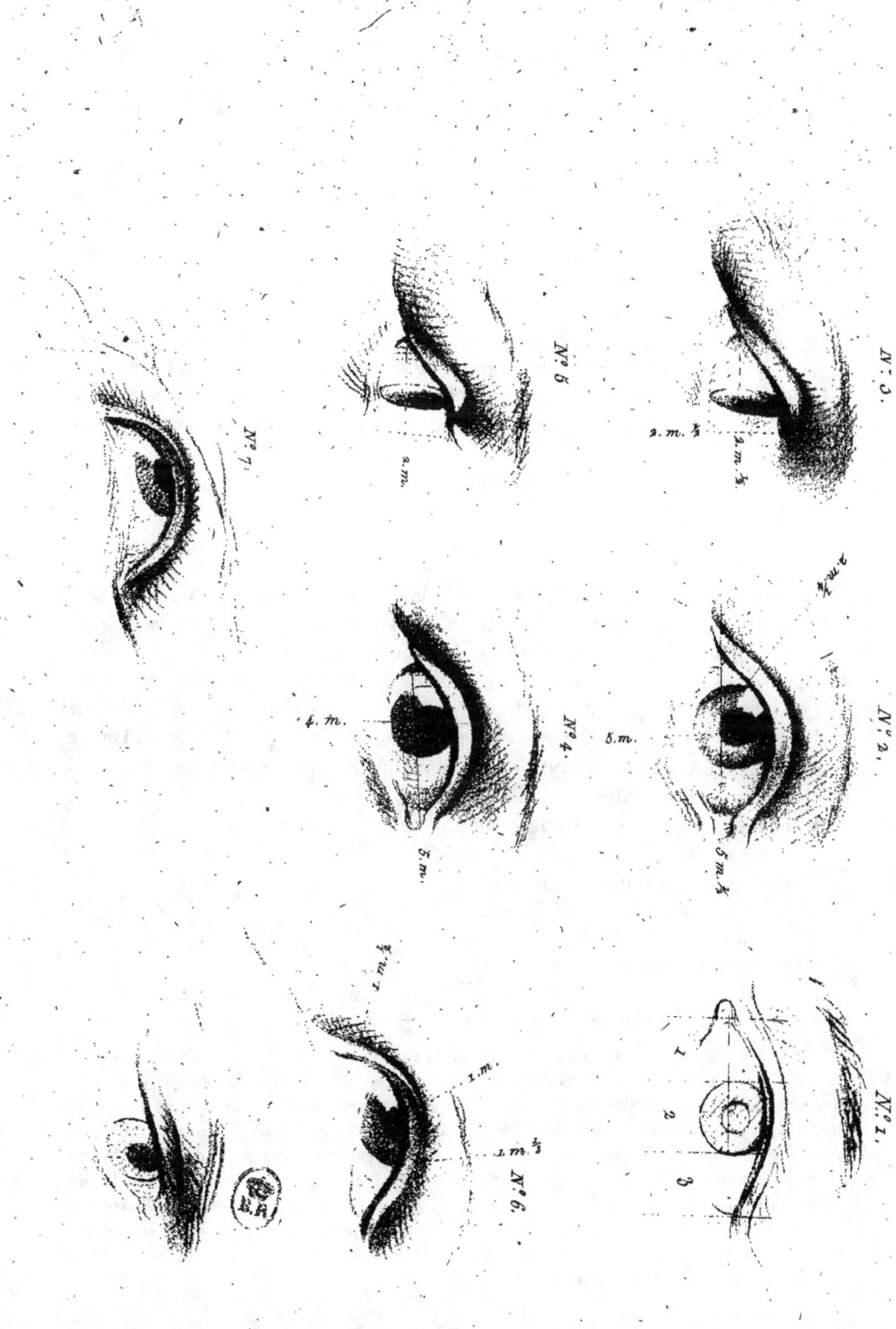

PREMIERS PRINCIPES DU DESSIN DE LA FIGURE.

Proportions fondamentales pour mettre ensemble les diverses parties de la figure humaine.

Les proportions, dans l'art du dessin de la figure, sont établies sur des mesures observées et comparées ; elles sont relatives à un objet considéré seul, et à ce même objet comparé à d'autres. Ainsi la grandeur de la tête a été prise pour mesure du corps dans les traités publiés par Albert Durer, Paul Lomazo, Léonard de Vinci, Jean Cousin, et Gérard Audran (1). Ce dernier a mesuré plusieurs figures antiques avec une grande exactitude, et, pour rendre compte des plus petits détails, a formé une échelle de la hauteur de la tête divisée en quatre parties. Il a subdivisé chacune de ces parties en douze minutes. C'est d'après ces parties et minutes, que nous avons indiqué les mesures des principes que nous rapportons.

PLANCHE IV.

Des Yeux.

Les yeux, organes de la vue, sont situés dans deux cavités de la tête appelées orbites. On considère leurs parties extérieure et intérieure ; la partie extérieure est ornée de sourcils qui sont placés au bas du front, et servent à les défendre : les paupières servent à les couvrir. Les cils de la paupière supérieure sont courbés vers le haut, et ceux de l'inférieur en bas. Les parties où elles se joignent sont appelées les coins : celui qui est auprès du nez est le grand angle, et l'autre le petit. Au grand angle on voit une glandule qu'on appelle lacrymale.

On partage l'œil en trois parties, n° 1.

Yeux de l'Apollon du Belvédère, n° 2.

Yeux de profil de la même figure, n° 3.

Yeux d'une Vénus antique, n° 4.

Yeux de profil de la même figure, n° 5.

Yeux vus renversés de l'Apollon, n° 6.

Yeux de la Vénus, *idem*, n° 7.

---

(1) Gérard Audran, né à Lyon en 1640, était fils, frère et oncle de plusieurs habiles artistes de ce nom. Il est le plus excellent graveur d'histoire que la France ait produit ; il ne chercha point cette propreté affectée, ni ce servile arrangement de taille qui mène à la froideur ; mais, par un savant mélange de hachures libres et de points mis à propos et avec un goût supérieur, il a laissé à la postérité des modèles du style dans lequel les graveurs d'histoire doivent traiter ces sortes de sujets. Il avait un grand goût du dessin ; aussi ses gravures ne sentent point le métier. On y reconnaît le traducteur habile qui souvent corrige le maître qu'il copie ; aussi Lebrun traduit par lui perdait la rondeur et la pesanteur qu'on lui reproche. Ces chefs-d'œuvre sont : le temps qui enlève la Vérité, d'après le Poussin ; le martyre de Ste-Agnès, d'après le Dominiquain ; le martyre de S.-Laurent, d'après le Sueur ; et les batailles d'Alexandre, d'après Lebrun.

PLANCHE V.

Des nez et des bouches.

Le nez, comme nous le verrons plus loin, a pour mesure une des quatre parties de la tête : nous en donnons ici les proportions détaillées, et prises de l'Apollon du Belvedère et d'une Vénus antique. Ces parties sont ici de la même grandeur que dans les statues.

Nez de l'Apollon pris de face, n° 1.
Même nez vu de profil, n° 2.
Même nez vu en dessous, n° 3.
Nez de la Vénus antique vu de profil, n° 4.
Même nez vu en dessous, n° 5.
Bouche de l'Apollon vue de profil, n° 6.
Bouche de la Vénus vue de profil, n° 7.

PLANCHE VI.

Même échelle que la planche précédente, n° 5.
Bouche de l'Apollon vue de face, n° 1.
Bouche de la Vénus vue de face, n° 2.
Nez de la Vénus vu de face, n° 3.

Des oreilles.

Cette partie est souvent très négligée, et cependant elle orne parfaitement la tête, sur-tout lorsqu'elles sont d'une forme heureuse. Aujourd'hui que nos coiffures la laissent voir entièrement, on peut en étudier les variétés qui sont très considérables. Elle a ordinairement pour proportion une longueur de nez, et pour largeur la moitié de sa longueur.

Oreille vue de face, n° 4.
Oreille vue de profil, supposant la tête vue de face, n° 5.
Oreille vue de profil, supposant la tête vue par derrière, n° 6.

PLANCHE VII.

La figure première s'appelle ovale, vu sa ressemblance à un œuf. Elle se forme d'un cercle dans lequel vous tirez une ligne diamétrale à niveau marquée avec des points AB ; puis posant la pointe du compas au point A, vous formez de l'ouverture AB la ligne courbe BC ; du point B, de la même ouverture, formez la ligne courbe AD, qui achevera la figure ovale telle qu'il la faut pour former la tête de l'homme.

Après cette opération, tirez une ligne perpendiculaire qui divise l'ovale en deux parties ; ensuite divisez cette ligne en quatre parties égales ; vous marquerez la naissance des cheveux à la moitié de la première section ; sur la seconde vous placerez les yeux ; sur la troisième le nez ; sur la quatrième l'extrémité du menton. On

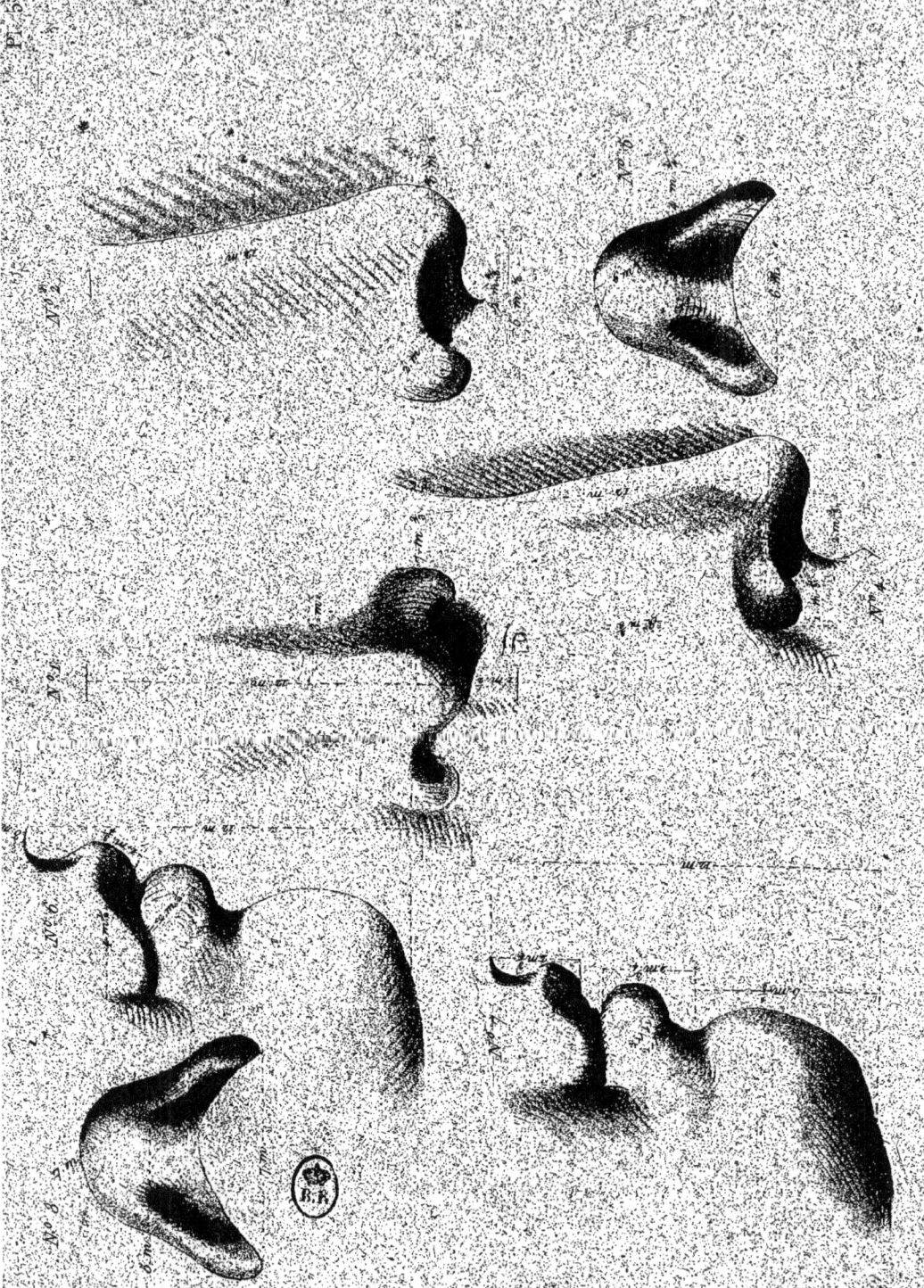

Pl. 6.

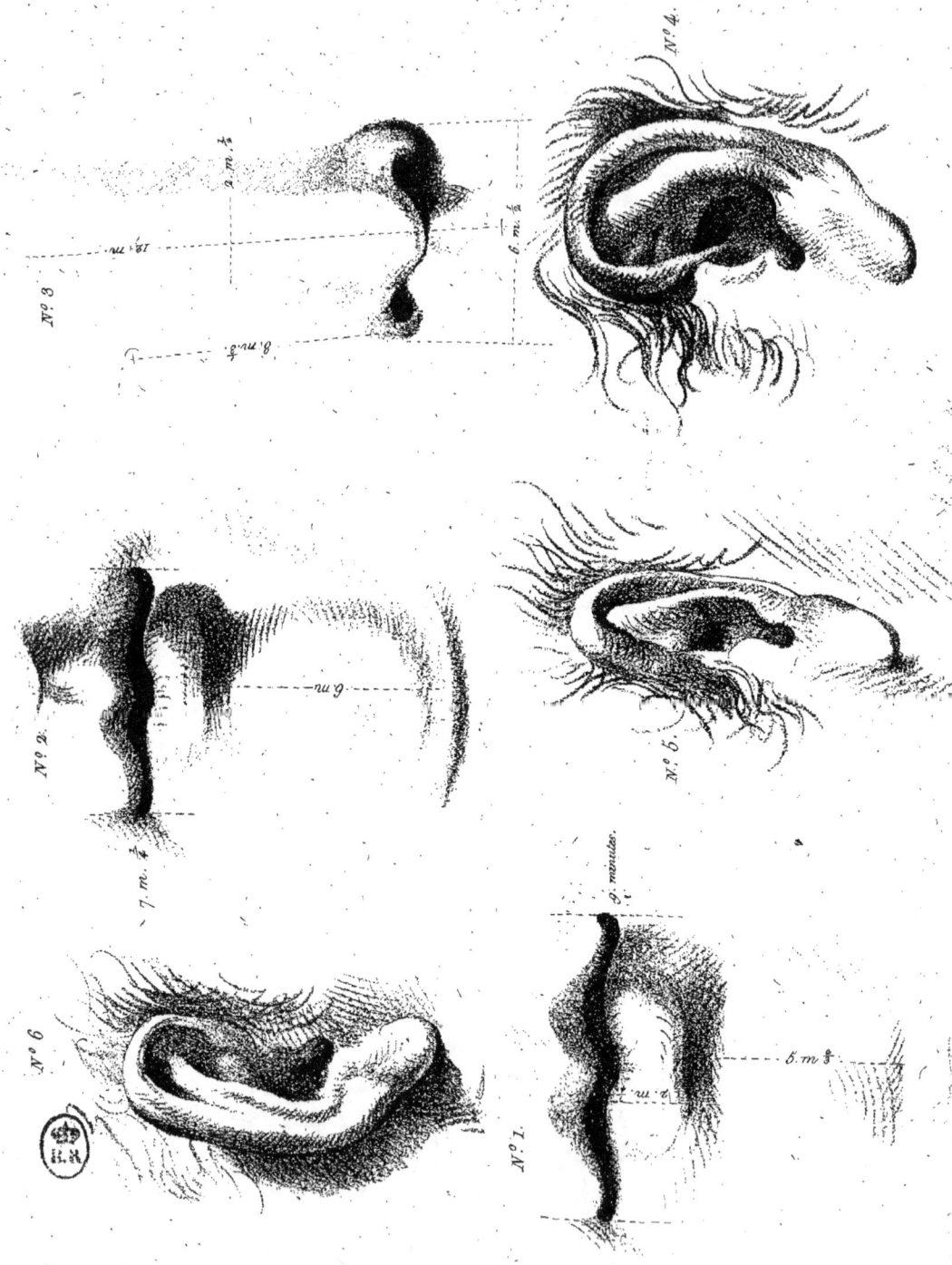

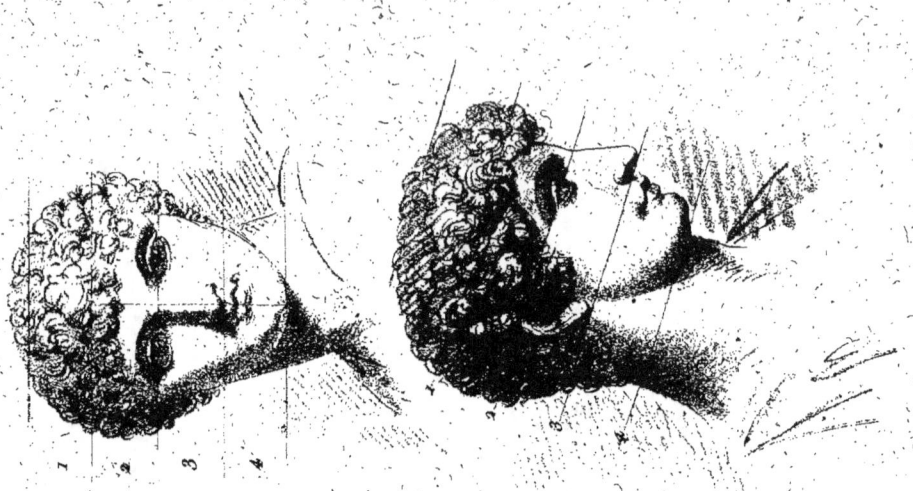

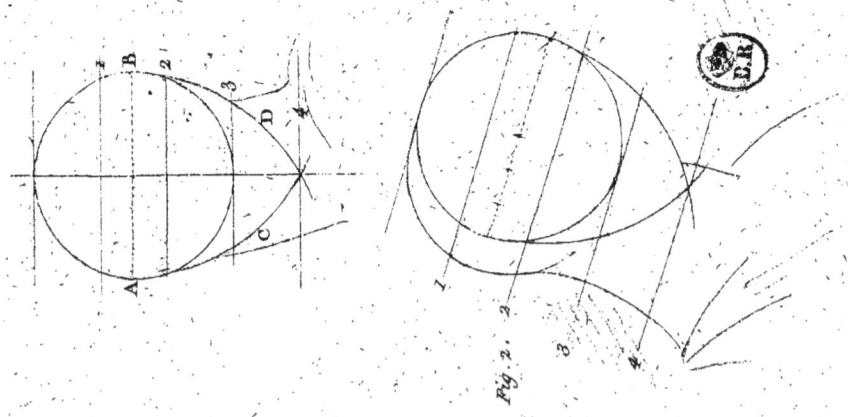

Fig. 2.

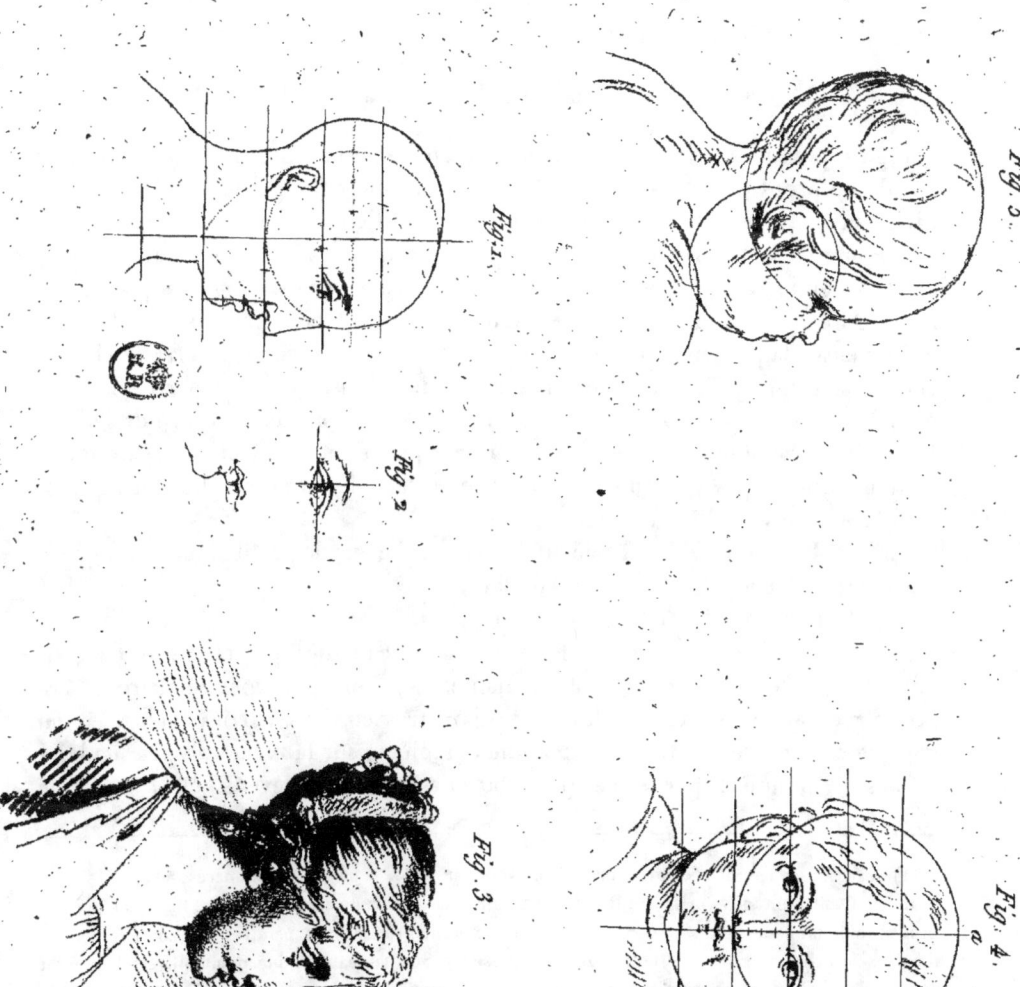

Fig. 1.

Fig. 2.

Fig. 3.

Fig. 4.

Fig. 5.

pourrait former une cinquième partie qui marquerait la fossette du cou. Divisez la ligne où l'on doit placer les yeux en cinq parties égales : sur la seconde et quatrième faites les yeux; puis divisez la quatrième partie en trois parties égales, et sur la première vous formerez la bouche, qui pour grandeur doit avoir un œil et demi. Les oreilles se placent entre la ligne des yeux et du nez, où vous commencerez le cou.

La tête de profil se forme par les mêmes règles. Pour avoir le derrière de la tête, il faut, de la même ouverture de compas dont vous avez décrit le cercle, en reculer le centre d'une sixième partie de diamètre, et de l'autre jambe du compas marquer le derrière.

Ces explications et celles qui vont suivre sont en grande partie extraites de l'ouvrage de Jean Cousin sur l'art du dessin (1).

PLANCHE VIII.

Figure première. Nous avons donné, planche précédente, la manière de faire l'ovale de profil (2). Après l'avoir formé, tirez une ligne perpendiculaire qui le divise en deux parties; puis vous diviserez cette ligne en quatre parties égales : sur la moitié de la première section vous marquerez la naissance des cheveux; sur la seconde, vous placerez l'œil; sur la troisième, le nez; et sur la quatrième, l'extrémité du menton. Pour placer l'œil, divisez en trois parties égales l'espace qui est entre la perpendiculaire et le devant de l'ovale, et vous placerez l'œil dans la deuxième partie. Pour trouver l'avance du nez, divisez en deux parties la ligne où il doit être, et ajoutez-en une troisième, elle marquera cette avance de l'ovale. Pour placer la bouche, divisez la quatrième partie en trois, et sur la première section formez-la. A l'égard de son avance sur l'ovale, la perpendiculaire qui est sous la narine vous l'indiquera.

Fig. 2. Elle vous fait voir que l'œil et la bouche vus de profil n'ont de longueur que la moitié de leur grandeur, vus de face.

Fig. 3. Même ovale où les détails sont tracés.

Fig. 4. Tête d'enfant. Pour la faire, formez une manière d'ovale en cette façon : faites un cercle, coupez-le par deux diamètres, dont la perpendiculaire A sera prolongée par le bas; divisez les deux diamètres en deux parties égales, ce qui vous en donnera quatre, et ajoutez une cinquième sur la même perpendiculaire en bas; la première partie marquera la naissance des cheveux, et la troisième

---

(1) Jean Cousin naquit à Soucy, proche Sens, vers l'an 1530. Il peignait avec succès, à Paris, lorsque François Ier fit venir d'Italie maître Roux et le Primatice. Il ne reste aujourd'hui que bien peu de leurs productions; on peut donc regarder Jean Cousin comme le premier des peintres de l'école française, dont les ouvrages méritent l'attention des connaisseurs. Son tableau du jugement universel qu'il fit pour les Minimes de Vincennes, lui valut la réputation dont il jouit encore aujourd'hui. Cette peinture prouve combien son auteur était savant dans le dessin, instruit dans l'art des expressions, et fécond en pensées ingénieuses; il peignait aussi très bien sur verre. Il ne borna pas ses talens à l'art de peindre, il fit plusieurs morceaux de sculpture très estimés. Il se fit un honneur singulier par les traités qu'il publia sur la géométrie, la perspective et les proportions du corps de l'homme relatives à l'art du dessin. Il est mort âgé de 88 ans.

(2) Voyez cette planche.

la ligne des yeux. Vous diviserez cette ligne en cinq parties égales, et sur la deuxième et la quatrième vous les formerez. Sur la quatrième section vous marquerez le nez, et divisez la cinquième section en trois parties; vous formerez la bouche sur la première, et le menton sur la troisième; divisez la longueur du nez en quatre parties égales, posez la pointe du compas sur la première, et de l'ouverture du demi-diamètre, formez dessous un demi-cercle qui vous marquera le dessous du menton; marquez les oreilles et le cou, qui doit avoir de grosseur deux longueurs et demie de nez, et au haut des épaules une mesure de tête.

Fig. 5. Elle se fait par des cercles de différens diamètres, ainsi que la figure vous l'indique.

PLANCHE IX.

Tête d'homme vue de trois quarts.

Figure première. Pour faire cette tête, formez un cercle ponctué que vous diviserez en trois parties égales, et vous reculerez le centre, comme vous avez fait à l'ovale de profil, planche 7, et de la même ouverture de compas vous ferez le derrière de la tête. Après avoir préalablement tiré une ligne à plomb qui sépare le cercle en deux, et avoir divisé cette ligne en quatre parties égales, vous dessinerez l'oreille; puis, posant la pointe du compas à la section qui fait la ligne des yeux avec le cercle ponctué par derrière, et l'ouvrant jusqu'à la section opposée dudit cercle avec ladite ligne par devant, vous marquerez le contour de la joue : ensuite divisez en deux parties l'espace qui est depuis ce contour de devant sur la ligne des yeux jusqu'à la perpendiculaire qui traversera toute la tête, et posant la pointe du compas à cette section, qui serait le milieu du nez par le haut, et l'ouvrant jusqu'à la section opposée du cercle ponctué et de la ligne des yeux, vous marquerez le contour de l'autre joue, et dessinerez le bas de la tête.

Fig. 2. La tête vue par derrière se fait par les mêmes règles que la tête vue de face. Il n'y a seulement de différence que pour former le bas de la rondeur de la tête; au lieu de vous servir du demi-cercle ponctué, il faut baisser le centre sur la ligne perpendiculaire, ce que vous voyez dans la figure.

PLANCHE X.

Figure première. Pour faire la tête d'enfant de profil, faites un cercle de même que vous avez fait pour faire la figure 4, planche 8, avec les mêmes divisions, et faites aussi le demi-cercle dessous qui marque le bas du menton. Pour avoir le derrière de la tête, posez la pointe du compas au point A, qui est la troisième partie du demi-cercle, et de l'ouverture du demi-diamètre, décrivez un axe qui vous donnera la forme demandée. Placez ensuite l'œil, le nez et la bouche.

Fig. 2. C'est une étude d'après le Carrache.

Fig. 3, 4 et 5. Différentes têtes d'enfant formées par deux cercles.

PLANCHE XI.

Des mains.

Cette marque, n° 1, indique les mesures ainsi que les trois autres.

La main a pour mesure trois longueurs de nez, c'est-à-dire la longueur de la face, et une quatrième partie pour le poignet; les trois quarrés qui sont tracés, n° 2, indiquent les mesures des différentes parties des doigts.

Les cinq autres mains, de plus grande proportion, sont faites d'après différents maîtres.

PLANCHE XII.

Mains en raccourci.

Pour dessiner une main en raccourci, Jean Cousin donne le moyen suivant : faites-en le profil avec le mouvement que vous desirez lui donner, tel que je suppose n° 1, figure première, faites-en le plan, et pour ce formez un quarré 2 2, et coupez-le par une diagonale 0, 0, qui le sépare en deux angles égaux. Ensuite des extrémités et des jointures de la main, abaissez des perpendiculaires qui tombent sur la ligne diagonale 0, 0, des sections de laquelle vous tirerez des lignes parallèles à niveau, elles vous donneront toutes les hauteurs des différentes parties de la main dont vous voulez avoir le plan 3, 3. Pour la largeur, vous vous servirez des proportions données, planche XI. Vous tracerez donc le plan 3, 3 ; et, après cette opération, vous éleverez de ce plan des lignes perpendiculaires, elles vous donneront les largeurs de la main vue en raccourci 4, 4, que vous voulez faire. Tirez des lignes parallèles à niveau des extrémités que vous avez premièrement tracées, et les intersections de tous ces points vous donneront la mesure et le raccourci de chaque partie de la main que vous voulez tracer.

Il est aisé de comprendre que, par ce principe, on peut dessiner et mettre en raccourci ce que l'on desire : nous donnerons deux objets plus compliqués de cette méthode dans les numéros suivants.

PLANCHE XIII.

Des pieds.

Figure première. Le pied, vu de profil, contient quatre mesures de nez, ou une mesure de tête. Marquez cette mesure dessous le pied que vous voulez dessiner AA; divisez en trois parties une ligne BB, que vous placerez plus bas, et de même longueur que le pied; une de ces mesures vous donnera la grosseur du bas de la jambe CC.

Le petit doigt commence à la première mesure qui sépare le pied en quatre parties égales; les doigts suivans augmentent successivement de la grandeur de leurs ongles jusqu'au pouce.

Fig. 2. Il n'y a entre le pied vu de côté, par dehors et par dedans, de différence qu'au contour de la plante et du dessous des doigts : les mesures sont les mêmes.

Fig. 3. Ce pied vu de face a pour mesure, pris de l'avant-pied AA, une longueur et deux tiers de nez. Divisez cette mesure en trois parties égales BB; dans la première, vous dessinerez le pouce; dans la seconde, les deux prochains doigts; et dans la troisième, les deux autres.

Fig. 4. Le pied, vu par le talon, a pour mesure une longueur de nez; et le bas de sa jambe, au-dessus des chevilles, la même longueur.

Fig. 5. Un pied d'après le Carrache (1).

PLANCHE XIV.

Pieds en raccourci.

Figure première. Pour dessiner ces pieds en raccourci, vus par devant ou par le talon, il faut premièrement dessiner le pied de profil, comme nous l'avons expliqué planche XIII, figure première, et faire la même opération.

Fig. 2. Pieds vus en raccourci par le talon.

Fig. 3 et 4. Pieds raccourcis sur d'autres corps.

PLANCHE XV.

Figures d'hommes.

Figure première. Pour dessiner cette figure, tirez une ligne perpendiculaire que vous diviserez en huit parties égales. La tête occupera la première; la deuxième contiendra depuis le menton jusqu'aux mamelles; la troisième jusqu'au nombril; la quatrième jusqu'aux génitoires; la cinquième jusqu'à la moitié de la cuisse; la sixième jusqu'au-dessous du genou; la septième jusqu'au-dessous du mollet; et la huitième jusqu'au talon et à la plante des pieds.

Les mêmes mesures s'observent depuis le bout du doigt du milieu d'une des mains jusqu'à l'autre, en passant par les épaules qui contiennent deux mesures de tête.

Fig. 2. Cette figure a les mêmes proportions.

PLANCHE XVI.

Bras et jambes écorchés.

Figure première. Bras vu par dedans, deux mesures de tête.

Fig. 2. Bras vu par dehors, *idem.*

Fig. 3. Cuisse et jambe vues en face, quatre mesures de tête.

Fig. 4. Cuisse et jambe vues par derrière, *idem.*

---

(1) L'on compte trois peintres célèbres de ce nom ; savoir : Louis, Augustin, et Annibal; (Louis Carrache, peintre et graveur, né à Bologne en 1555, mort en 1619—Augustin Carrache, peintre et graveur, né à Bologne en 1558, mort à Parme en 1602 — Annibal Carrache, peintre et graveur, né à Bologne en 1560, mort à Rome en 1609. Augustin et Annibal étaient frères, Louis était leur cousin.) Annibal Carrache fut un des plus grands dessinateurs de son temps; il se distingua par un bon choix d'attitudes et une belle manière de draper; on lui reproche un peu de rondeur dans ses contours; il cherchait à imiter le charme du Corrége. Il tient sa place après Raphaël et le Titien. Le Musée Napoléon renferme plusieurs tableaux de ce maître.

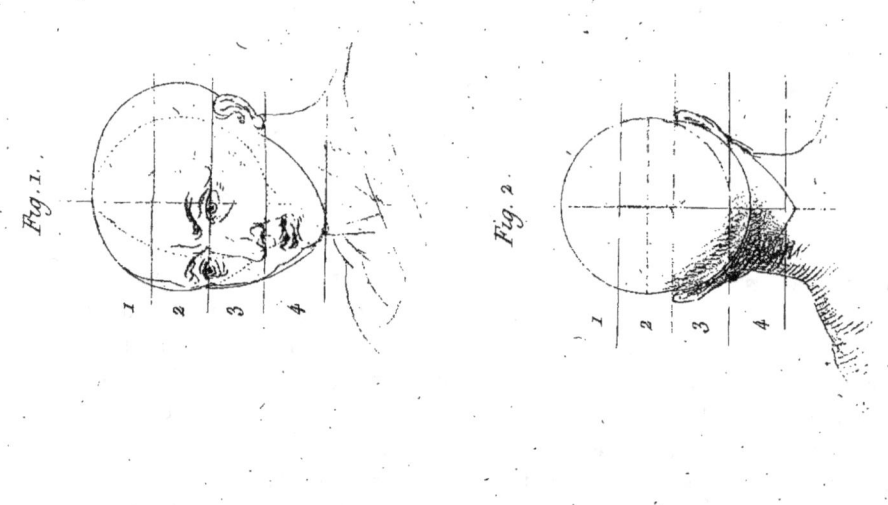

Fig. 1.   Fig. 2.

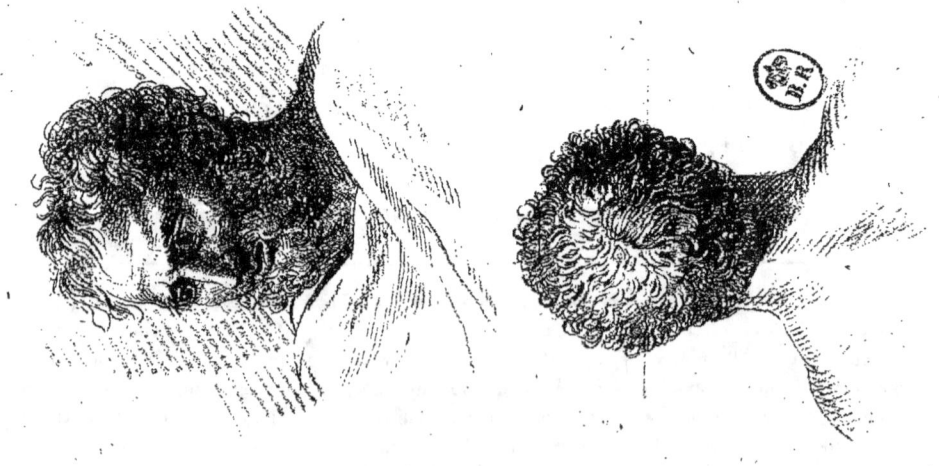

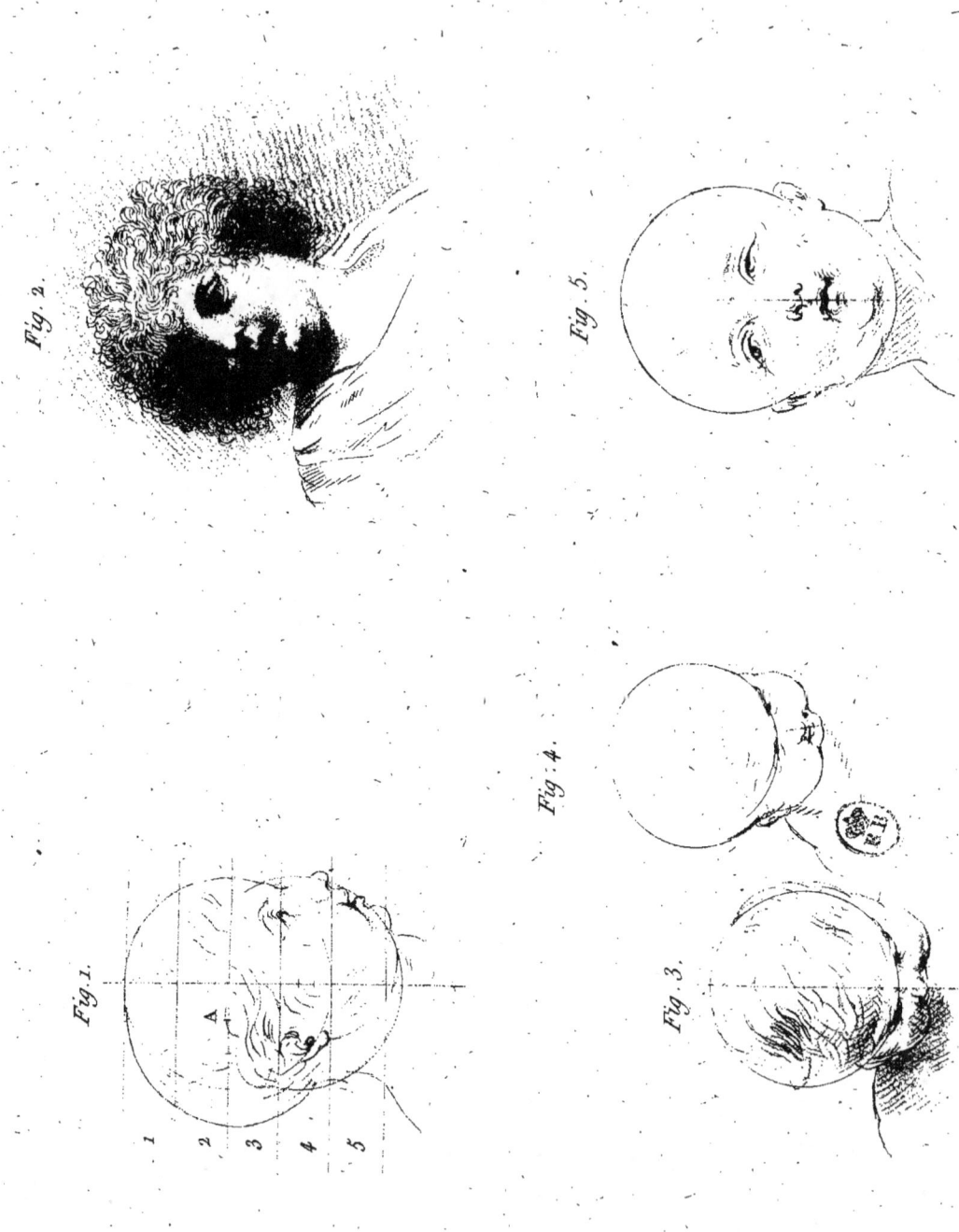

Fig. 1.

Fig. 2.

Fig. 3.

Fig. 4.

Fig. 5.

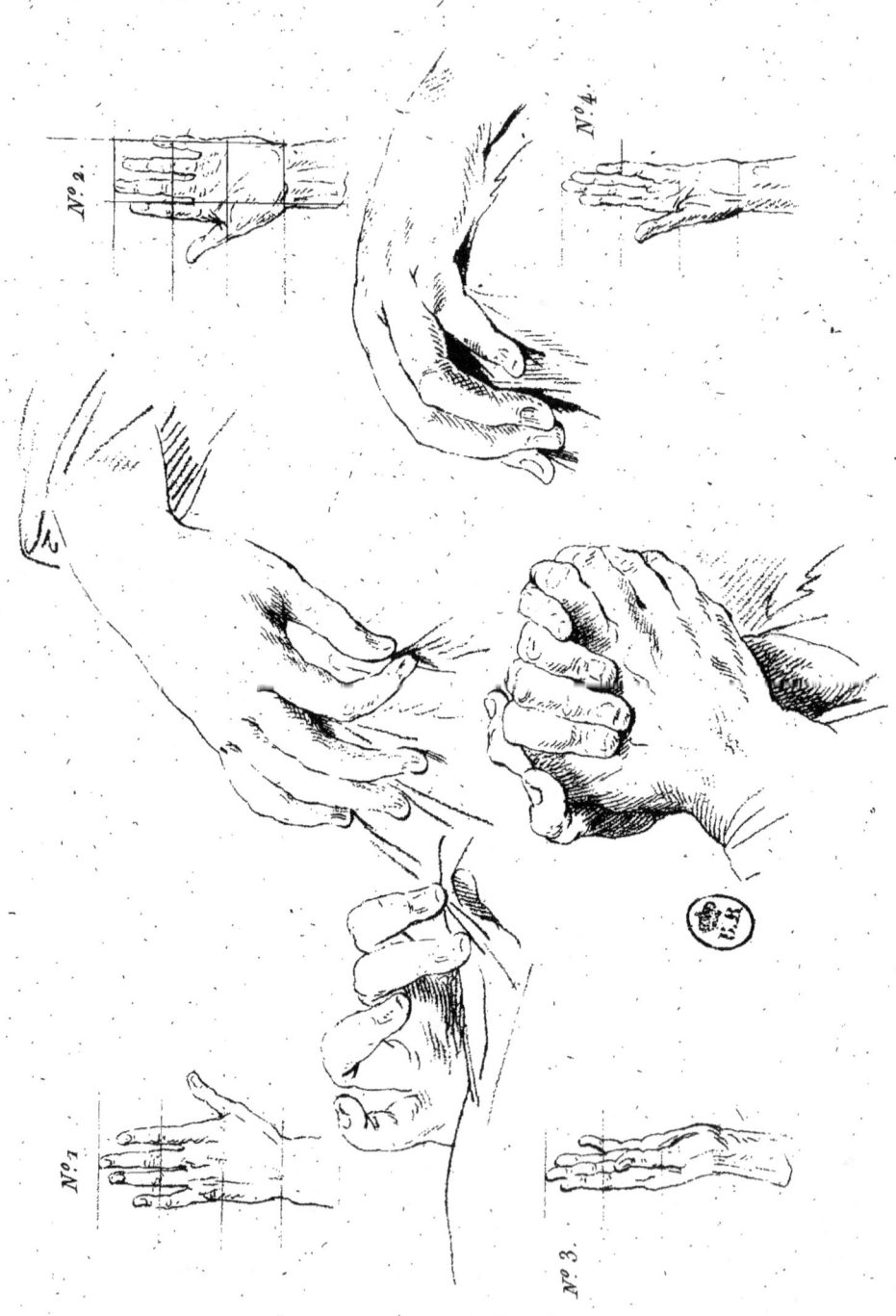

N.º 2.

N.º 4.

N.º 1.

N.º 3.

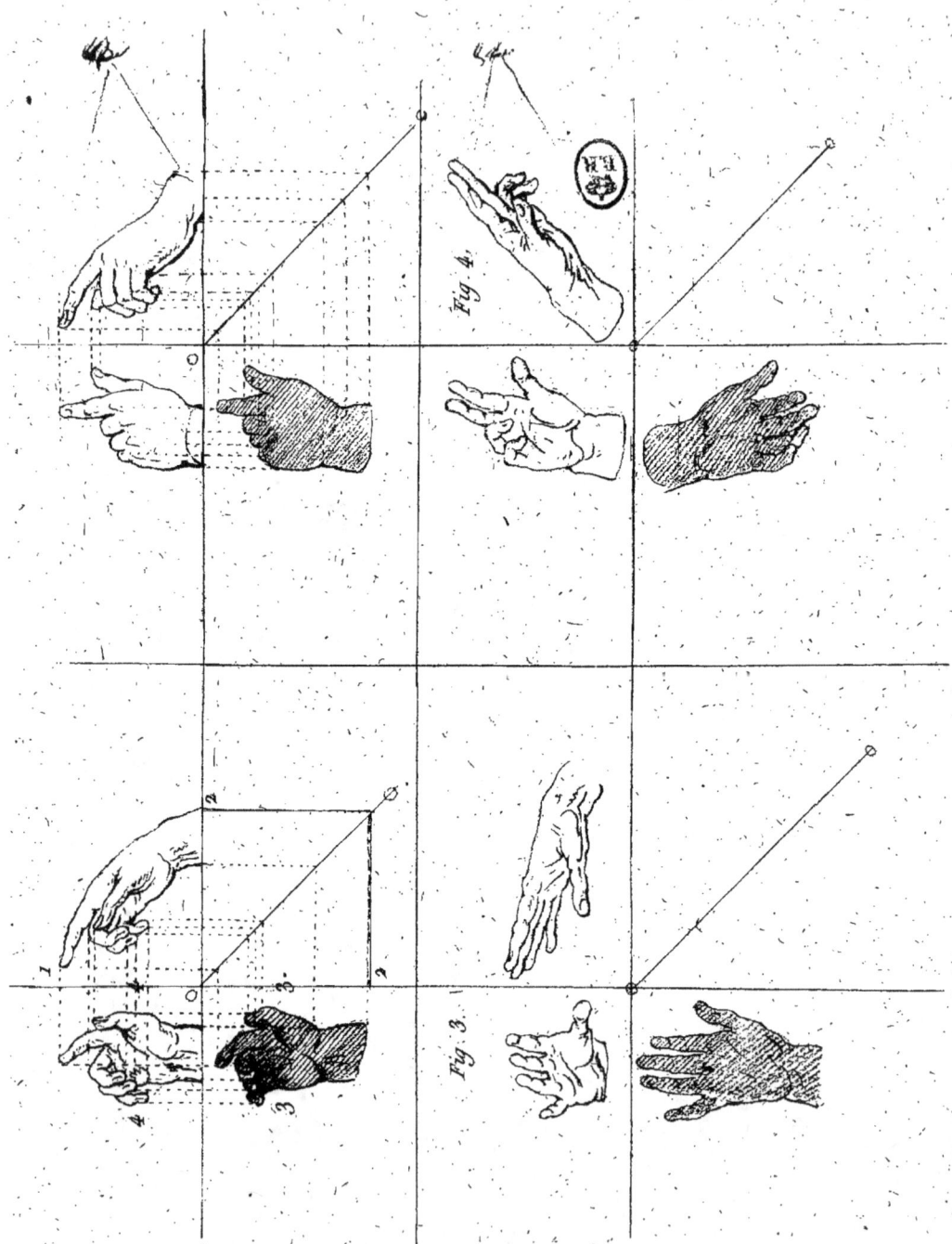

Fig. 4.

Fig. 3.

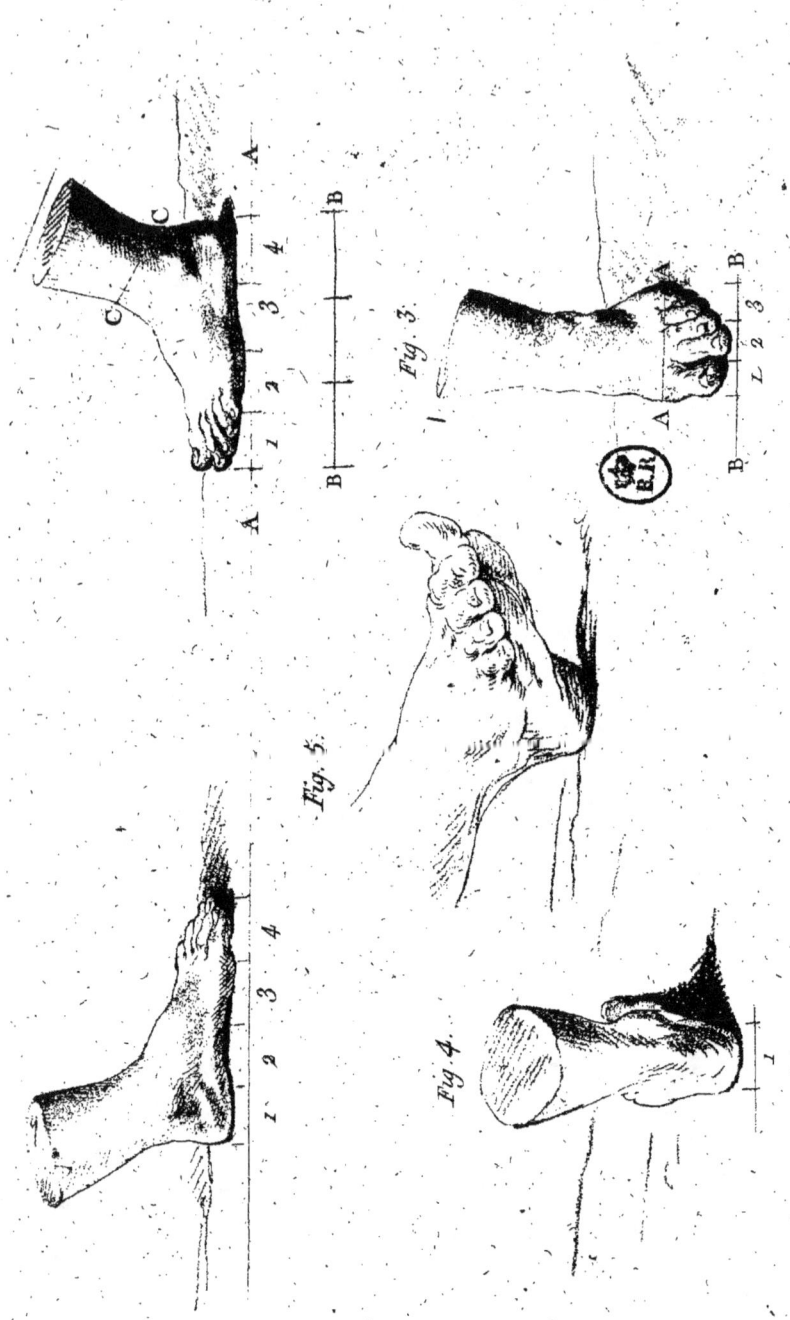

Fig. 3.

Fig. 5.

Fig. 4.

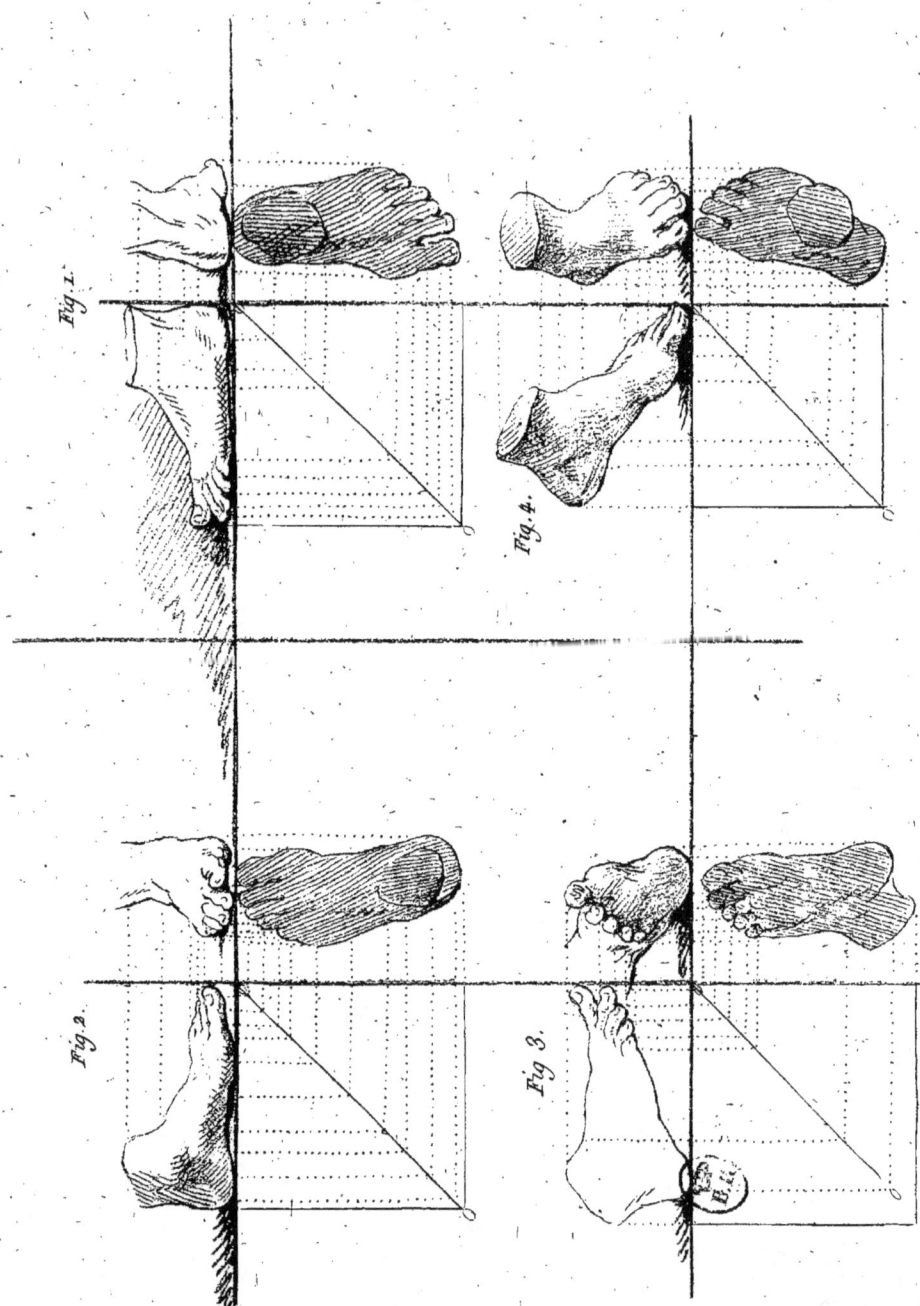

Fig. 1.

Fig. 2.

Fig. 3.

Fig. 4.

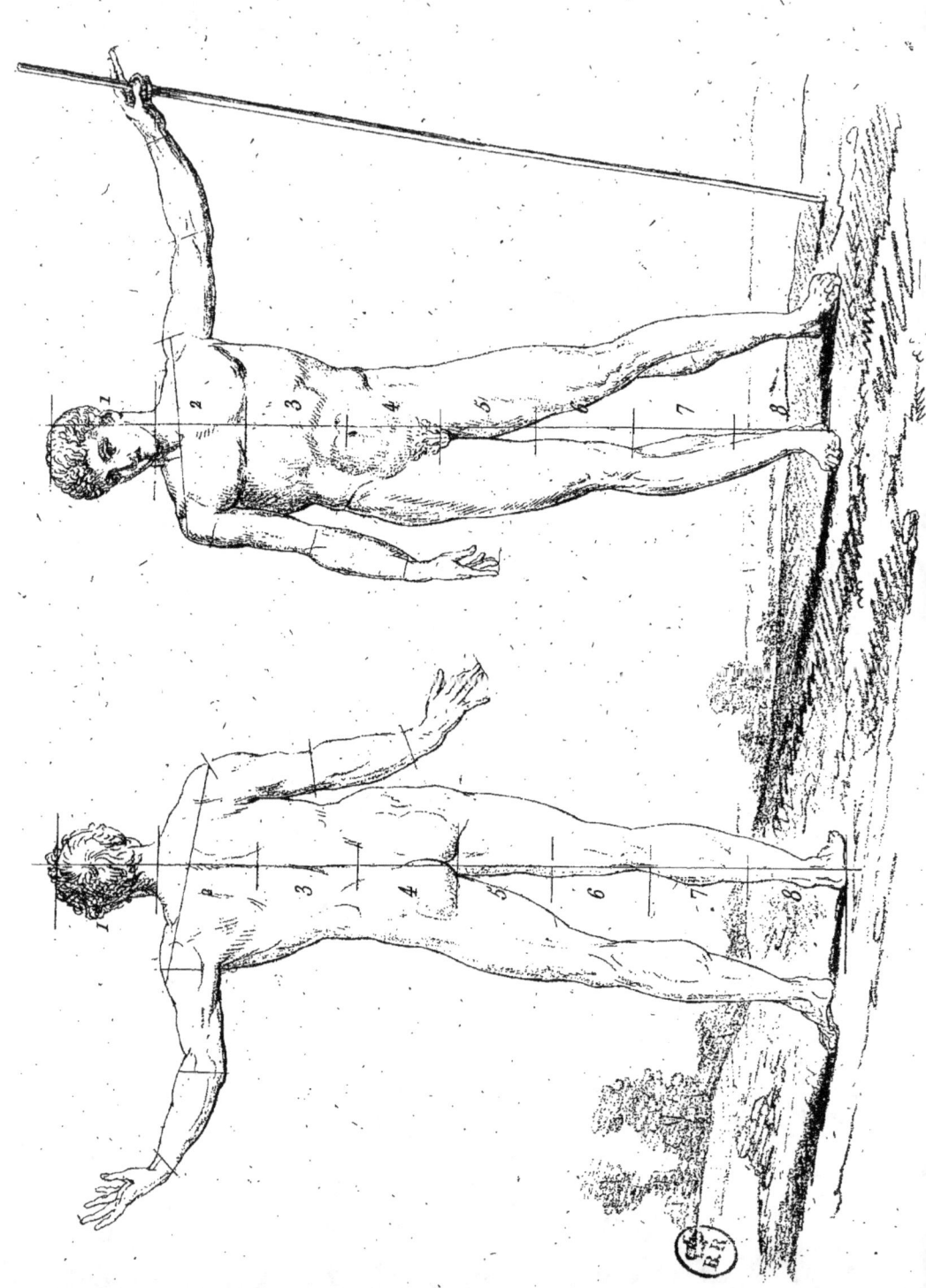

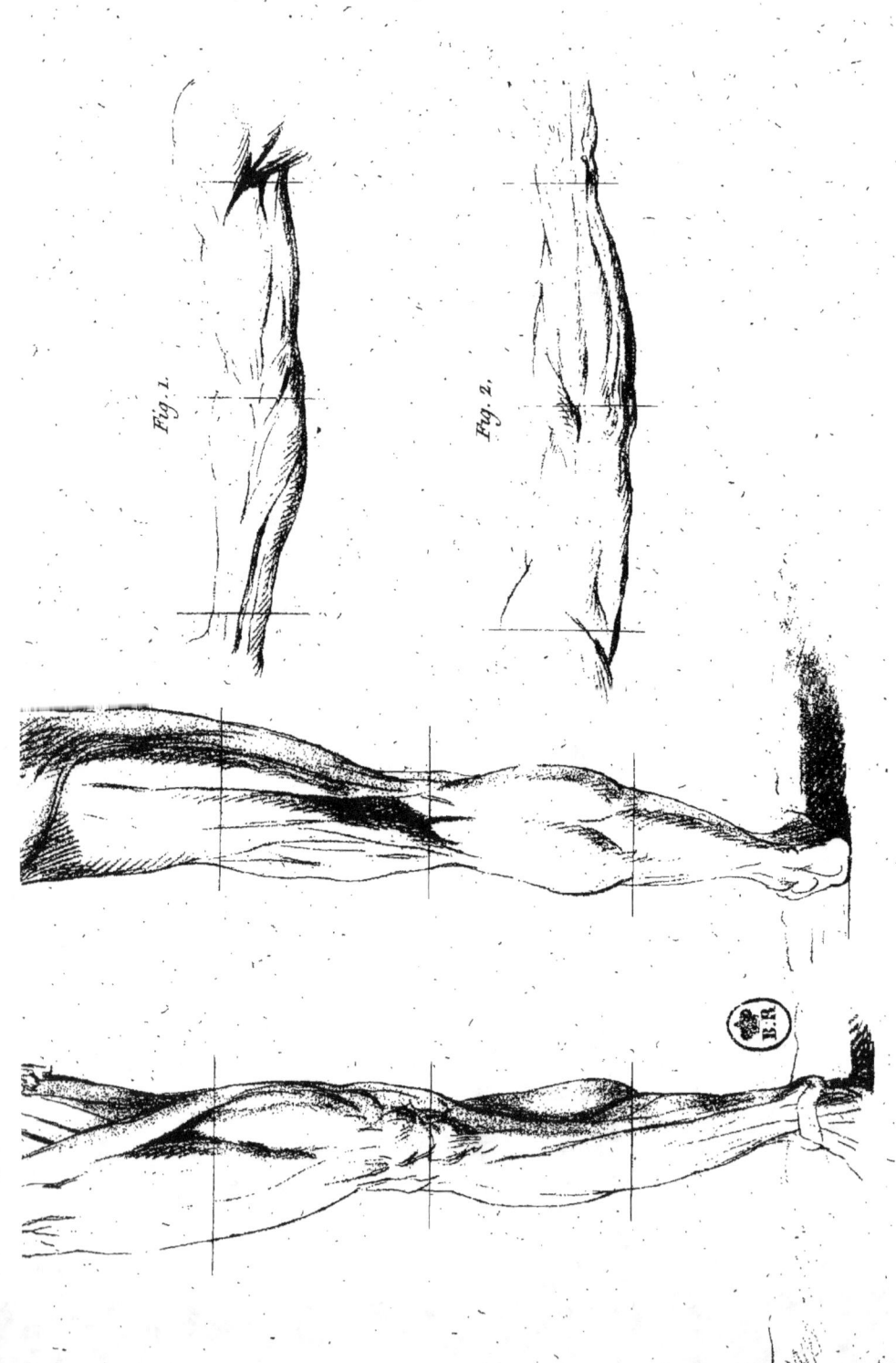

Fig. 1.

Fig. 2.

Pl. 28.

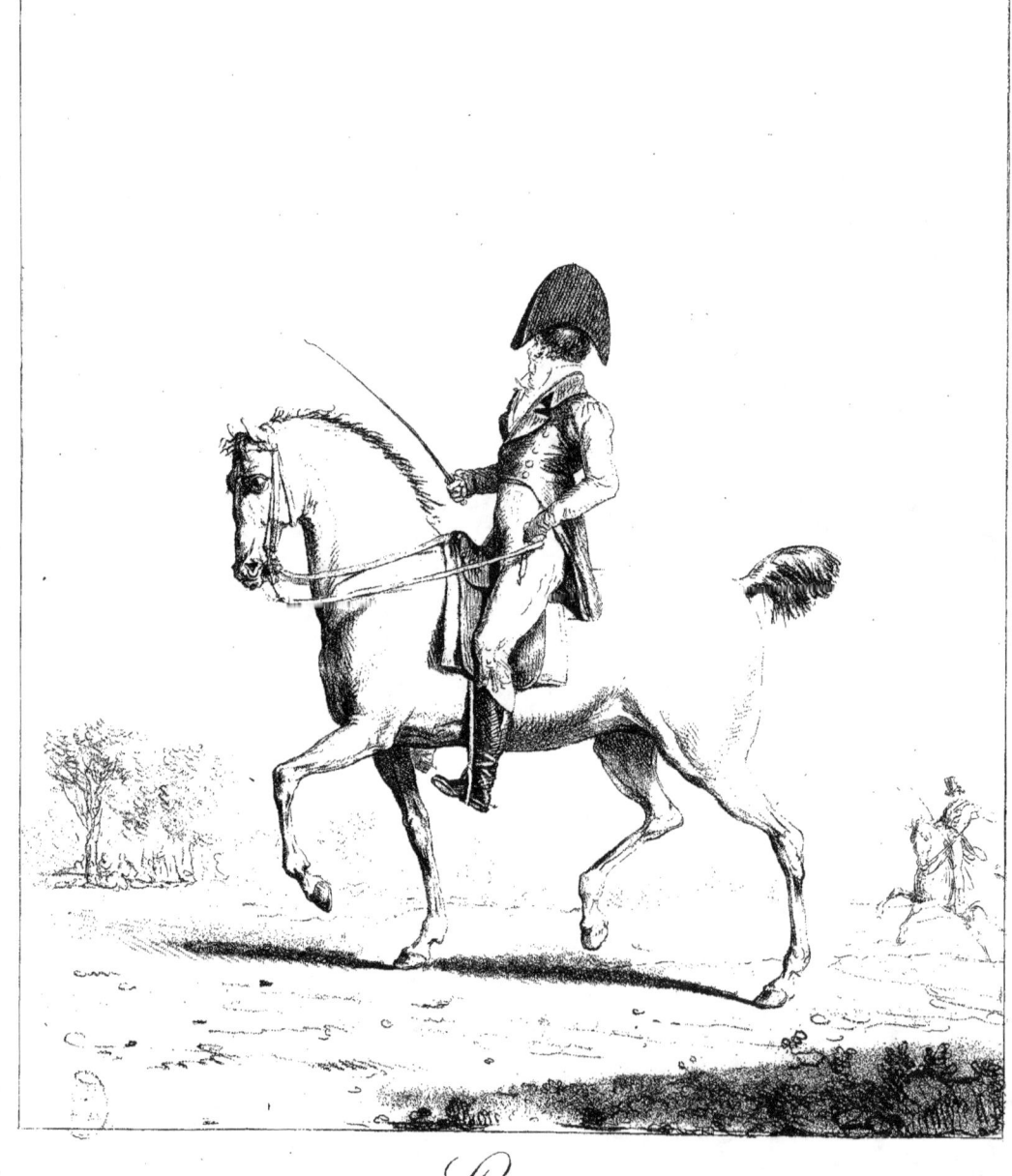

Le pas.

Pl. 29.

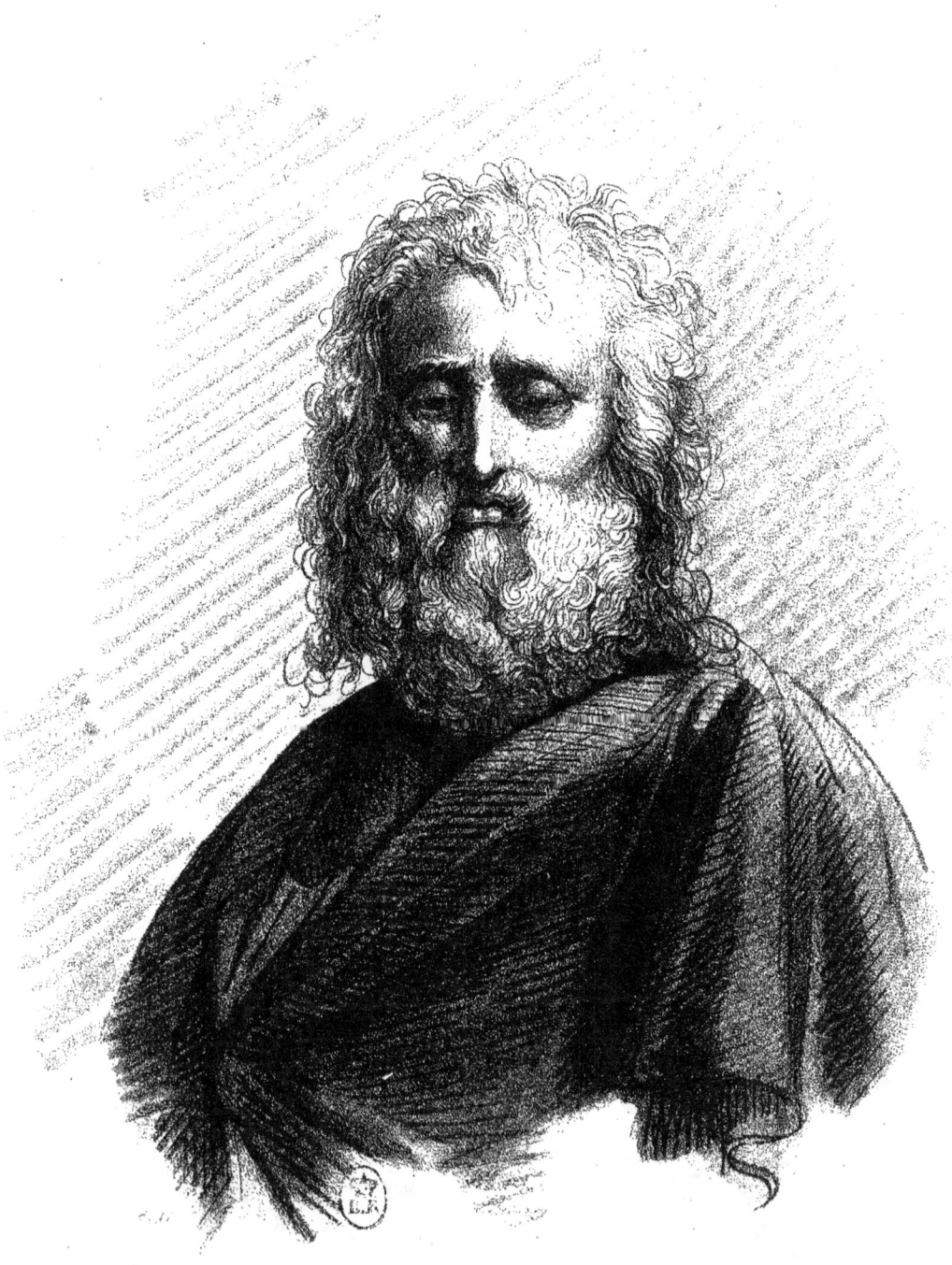

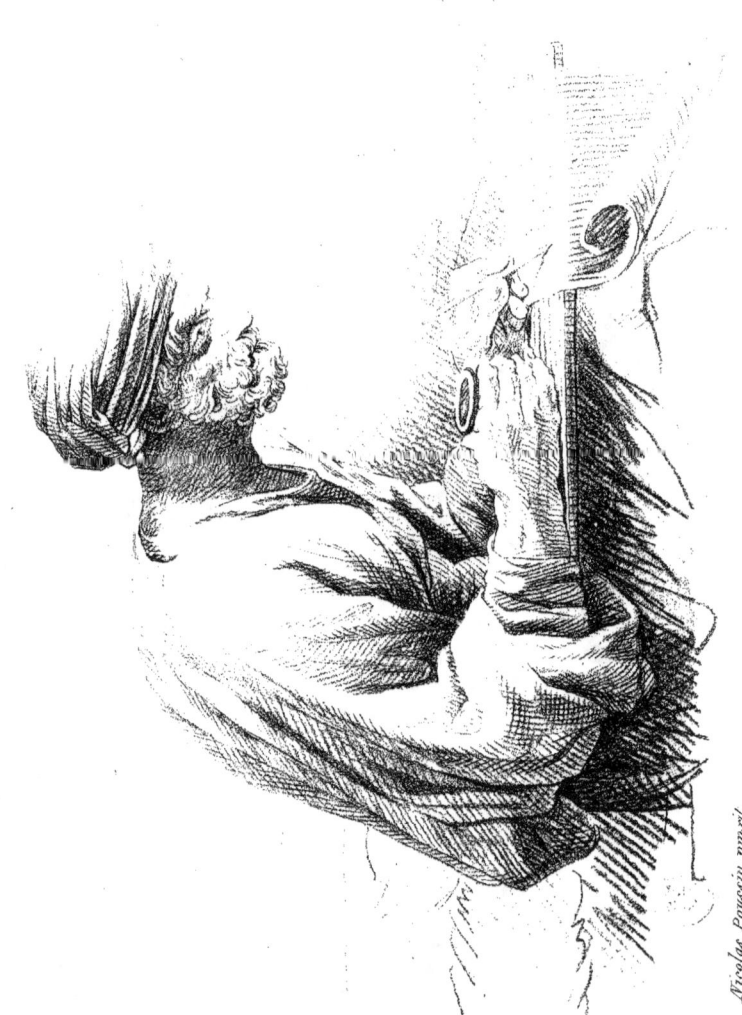

Nicolas Poussin pinxit

Pl. 31.

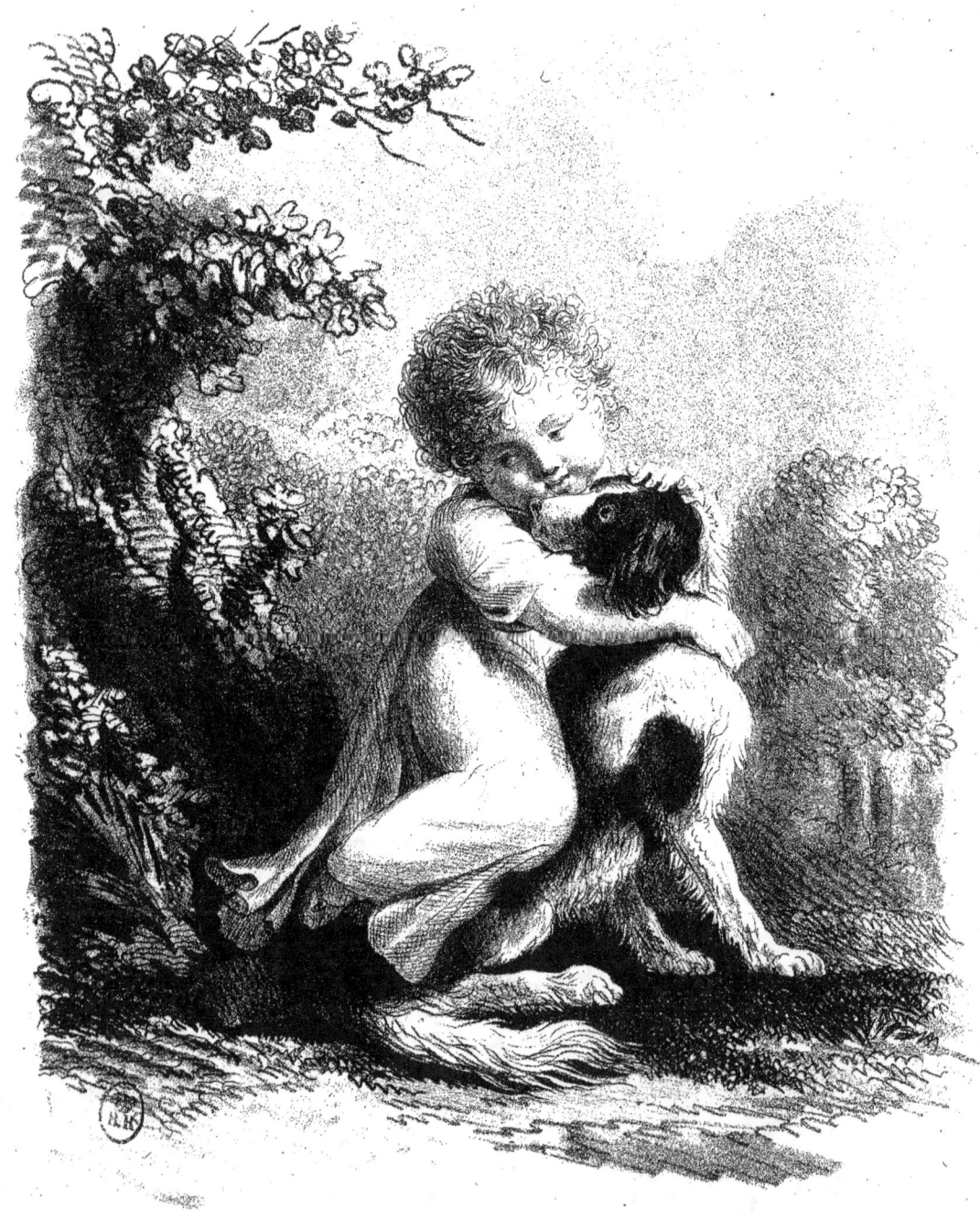

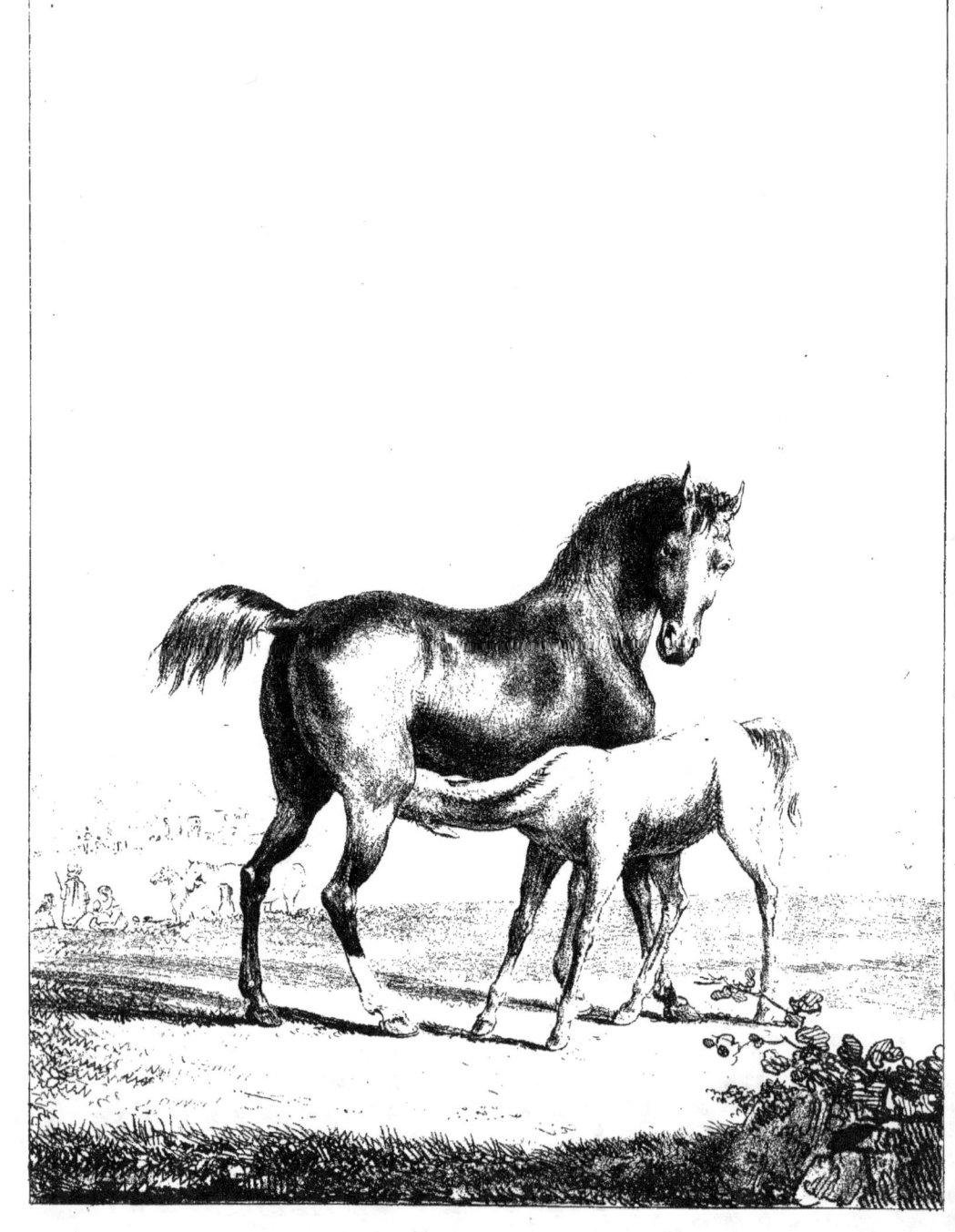

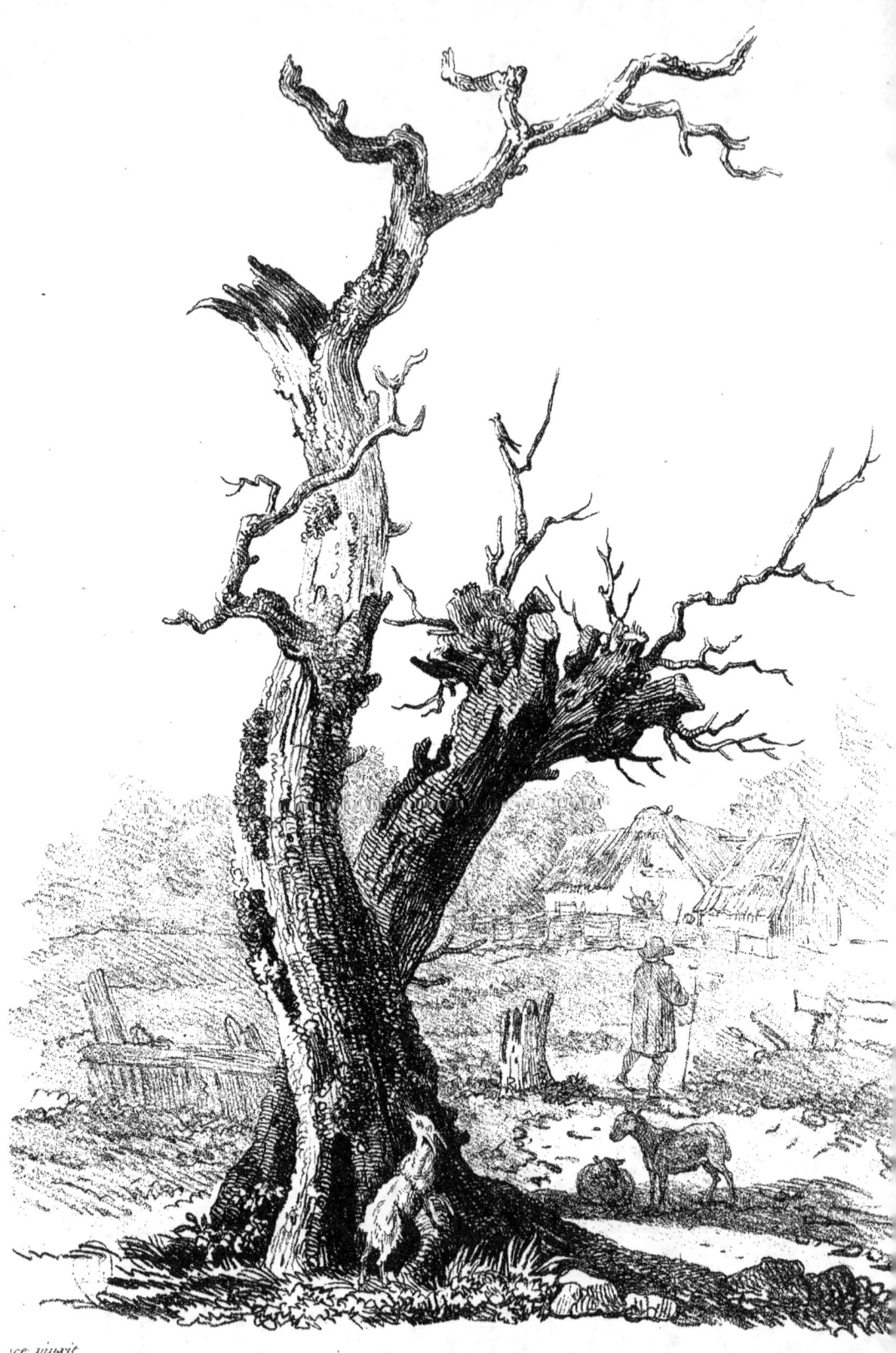

ce pinxit

Pl. 35.

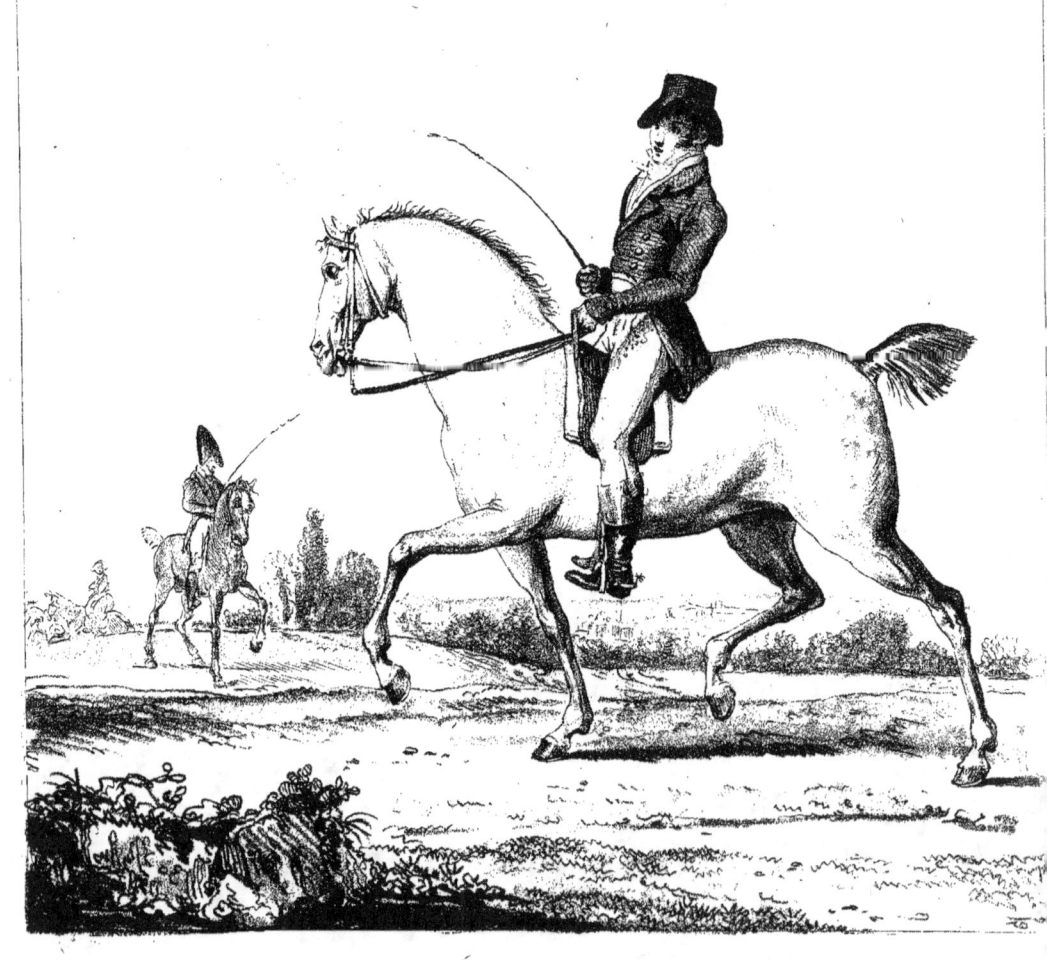

Le Trot

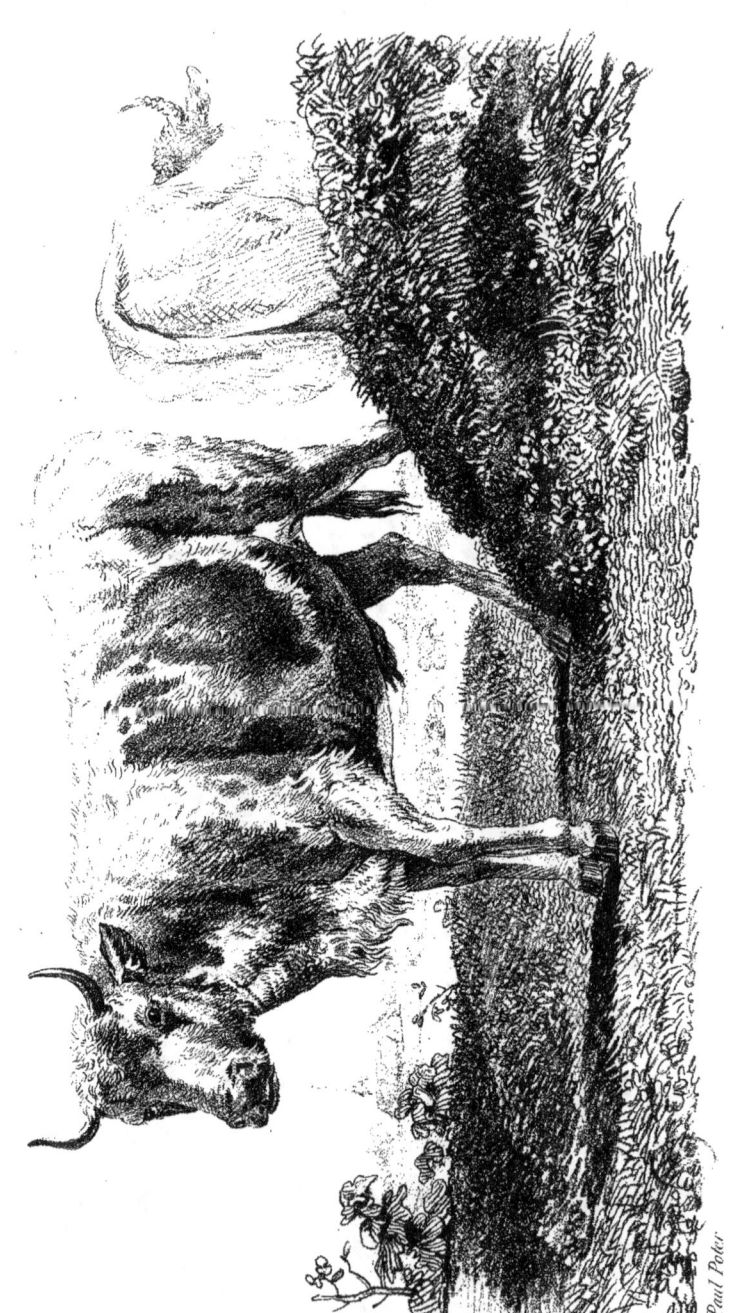

Paul Poter